メンタルで10打よくなる「ゴルフ超思考法」

頭の中を最適化すればスコアは突然縮まる!

市村操一 Soichi Ichimura
金谷多一郎 Taichiro Kanatani

JIPPI Compact

実業之日本社

はじめに

最近、オリンピックなどで好成績をあげた選手のインタビューで、「リラックスできたのでよかった」という答えよりも、「集中できたのでよかった」というコメントが多く聴かれるようになりました。

スポーツで能力を十分に発揮するための「メンタル・スキル・トレーニング」(以下、メンタルトレーニング)は、1964年の東京オリンピックのころから行なわれてきました。当時のメンタルトレーニングの主な目的は、大舞台で緊張しやすい選手をリラックスさせること。情動の興奮を低減させることを目的とした呼吸法やイメージ法が用いられ、ゴルファーが朝一番のティーで緊張を静めようと深呼吸をするような素朴な方法から、自律訓練法などのような高度に洗練された呼吸法とイメージ法などが利用されました。

メンタルトレーニングの研究が世界中で行なわれるようになると、新しい事実がわかってきました。

たとえば、「緊張感や興奮は、運動機能の低下を起こすとは限らない。むしろネガティヴな思考法のほうが運動に悪影響を及ぼす」という実験結果が出たり、さらに科学的な心理学研究では「緊張感を静めようとする努力や、無理にポジティブなイメージを描くことが運動を妨害する」という結果を示すなど。メンタルトレーニングの目標も「リラクセーション」より「集中」に力点が移ってきました。

スポーツ選手自身やコーチからも、メンタルトレーニングに対する疑問が提出されました。スポーツ種目の特性や選手のレベルによっても、必要な心理状態は違うはずだ、という疑問です。そして、ゴルフとラグビーで最適な心理状態は同じではないし、初心者とベテランでも違いがある。ひとつのメンタルトレーニングの技法が誰にでも、いつでも有益であるとは限らないことがわかってきたのです。

さて、ゴルフではどのような心理状態、あるいは心理的能力が必要なのでしょうか。そして、そのような心理的能力を補強するために、どのようなメンタルトレーニングが可能なのでしょうか。本書の作成過程では、スポーツ心理学の研究と、ゴルフのプレーや指導の現場での経験を突き合わせる話し合いが、私とプロゴルファーの金谷多一郎氏の間で行なわれました。

いまのゴルフは、用具の進歩によって、技術力だけでなく思考力を発揮することで、年をとっても大いに楽しめるスポーツになっています。本書がゴルファーの皆様のゴルフライフの充実の一助になれば幸いです。

本書の出版にあたっては、実業之日本社の石川祐一氏に大変お世話になりました。ここに記してお礼申し上げます。

市村操一

CONTENTS

メンタルで10打よくなる「ゴルフ超思考法」
頭の中を最適化すればスコアは突然縮まる！

はじめに　3

第1章
月イチゴルファーこそ「考えるゴルフ」でスコアアップ！——15

ゴルフはなぜうまくならない？——16
「わかった！」だけでは全然わかっていない。
ゴルフは奥深い。だからやり甲斐がある

「メンタルトレーニング」はアマチュアにも効果ある？——27
メンタルコントロールは「技術」。
だから練習しなければ身につかない

「イメージトレーニング」でうまくなれる？――33
イメージだけ意識しても効果は低い。
フィジカルトレーニングと合わせることが大切
コースに行くとうまく打てないのはなぜ？――41
練習でできることが実力だと思うのは
上達を妨げる大きなカン違い
ミスとの付き合い方――49
アマチュアはミスを気にするが
プロはミスを忘れる
第2章
ナイスショットを打つための思考法――57
スタート前の効果的なウォーミングアップ法――58
現実逃避で緊張するアマチュアは
スタート前にテンションを盛り上げる

朝イチのティショットを成功させる ―― 64
「緊張していてもこれなら確実」という方法を
自分なりにつくるのが最善策
久々のラウンドで感覚をいち早く取り戻す方法 ―― 71
アドレスを「フォーマット化」することが
いつもの感覚を取り戻すカギ
本番でいつものスイングをするには? ―― 76
頭と動作を結びつけたルーティンワークを
練習で覚え、本番で実践する
スイングリズムが早くなってしまうときは ―― 83
苦手意識があるほどリズムが早くなる。
いつものリズムを素振りで確認しよう
何も考えずに打つのがいいのか? ―― 87
ショットの設計図が動きに結びつくのは7~8秒の間。
「サッと構えて、パッと打つ」のがナイスショットの基本

良いショットイメージをつくるには？ ―― 94
空中に意識をもって球筋を立体的にとらえれば
イメージが動きに結びつくようになる

絶対曲げたくないときに考えること ―― 100
各番手のフルショットの「パズル」を
ホールレイアウトにあてはめる

第3章 思考のラウンド術　メンタル編 ―― 105

「プレッシャー」に強くなる ―― 106
「絶対にうまく打つ」と思い込むのは逆効果。
「私は打つ」とシンプルに考えてみる

「集中力」を失わない方法 ―― 113
集中力をキープするためには
「スタミナ」と「事前チェック」が大切

「怒り」との付き合い方 118
怒りを溜め込んではいけない。
すぐに吐き出し、すぐに忘れることが大切

ラウンド中「スコア」は意識すべきか？ 124
うまくなりたいなら
徹底的にスコアにこだわれ！

「緊張」でカラダが動かなくなったら 129
パットやショットで手が動かなくなったら
「この感じならうまくいく」という成功体験を引き出す

第4章
思考のラウンド術 セルフマネジメント編

思考のラウンド術 セルフマネジメント編 135

ラウンド前夜、緊張して眠れないときはどうする？ 136
緊張感をおおいに楽しむべし。
睡眠不足でも人間の能力は落ちない

好調をキープするためのペース配分 141
自分の実力に合わせたパー数を設定し
3ホールごとに区切りをつけてプレーする

「攻め」と「守り」の使い分け 145
「攻め＝ギャンブル」「守り＝安全なスイング」
という発想ではミスを積み重ねるだけ

悪い流れを変えるには？ 151
ミスをすぐに取り戻そうとするほど
大タタキのスパイラルにはまる

スタートが苦手な人、ラストに弱い人の対処法 157
苦手な時間帯は多くを望まず
「そこそこで十分」だと考える

同伴者との上手な接し方 161
相性の悪い同伴者を無視するのはやぶ蛇。
自分のペースに引き込む方法を考える

第5章

練習力をつける思考法 169

練習嫌いがモチベーションを上げる方法 170
練習仲間をつくれば
ゴルフが楽しく、もっとうまくなる

「マイコーチ」のススメ 174
コーチにお金をかけるのが
いちばん経済的な上達法

コーチの選び方・教わり方 180
コーチ選びは相性や人柄を優先。
信頼関係を築くことが上達をサポートする

どんな練習をすればうまくなれる? 188
正しいスイングは「疲れる」もの。
楽をしていたらうまくなれない

上達とイメージの関係 —— 193
たとえ世界の一流プロのイメージでも
他人のものはあてにならない

「スイングメモ」活用のススメ —— 198
自分で自分のレッスン書をつくれば
効果的に上達できる

得意クラブをつくると上達が早い —— 204
カップ近くの番手が得意になれば
プラスの相乗効果でゴルフがうまくなる

道具との付き合い方 —— 209
自分に合う道具は上達の友。
思い切って専門家に選んでもらうのがベスト

おわりに —— 215

イラスト　張 慶二郎
装丁　杉本欣右
本文デザイン・DTP　加藤一来

第1章

月イチゴルファーこそ「考えるゴルフ」でスコアアップ！

【ゴルフはなぜうまくならない?】

「わかった!」だけでは全然わかっていない。ゴルフは奥深い。だからやり甲斐がある

「目からウロコ」の体験は上達の始まりにすぎない

「10年以上やってるのに、また100打っちゃったよ……」

こんなボヤキが、今日もゴルフ場から聞こえてくる。なぜ、ゴルフは思うようにうまくならないのか……。

クラブを初めて握ったとき、スポーツに自信がある人なら(ない人でも)、「ゴルフなんて簡単。すぐにできるようになるさ」と高をくくったのではないだろうか。ところがやってみると、想像とはまったく違う。ボールが止まっているのに、空振りまでする始末。疑い半分、悔しさ半分にしばらく練習場に通ってみるが、まともに当たらない。野球やテニスは、すぐにそこそこできるようになったのに……。

気持ちはわかるが、それほど悩まなくていい。誰もがあなたと同じジレンマを抱えてい

る。**ゴルフはそもそもあなたが思っているほど簡単ではない。むしろ、すぐにうまくならないほうが普通なのだ。**

練習をしていると「目からウロコが落ちる」ことがある。これが、本当によく落ちる。「あ、これだ！」と思った瞬間は、目の前の霧が一瞬にして吹き飛び、宝物を探し当てたような実に爽快な気分になる。すぐさまもう1球打って、感触をたしかめる。「やっぱり、これだよ、これ！」。そして、ウロコが落ちたときの感覚を連続して再現できると、「わかった！　もう大丈夫！」と次のラウンドのベストスコア更新を確信する。

ところが……。何日かたつと、その感覚がなかなか蘇ってこない。「あれ、どうだっけ？」。わかったはずの感覚を思い出そうと一生懸命になるが、結局何がなんだかわからなくなってしまう。「あのいい感じは、いったいなんだったんだ？」

でも、心配はいらない。その次か、その次の次か、また別のウロコが落ちる。「これだよ、これ！」

目からウロコが落ちたときの感覚は、まちがったものではないと思う。それなのに、なぜ消えてしまうのか？　理由は簡単。**「わかった！」と思った時点で自分本位に満足するだけで、実は何も身についてないからである。目からウロコは、始まりにすぎないのだ。**

目からウロコが落ちた時点では、まだ何も身についていない。
目からウロコは上達の始まりにすぎないのだ

人間の「習慣強度」はそう簡単には変わらない

これは古くからある心理学の理論だが、人間の動作の中には「習慣強度」というものがある。習慣化されて身についている動作ほど、無意識のうちにスムーズな動きとして行なうことができる、という理論だ。

たとえば、子どものころ親が箸の持ち方をきちんと教えてくれず、不恰好な持ち方のまま大人になったとする。箸の持ち方はすでに習慣になり、パターン化されて脳の中に蓄えられている。

大人になって人前で不細工な箸の使い方をするのを恥かしく感じ始めると、正しい持ち方を覚えようとする。特別不器用な人以外は、なんとかできるようになるものだ。

ところが、大事なお得意さんとの会食など緊張した場面になると、覚えたはずの正しい箸の持ち方が急にぎこちなくなり、いつのまにか以前の不恰好なやり方でないと細かい物がつまめなくなってしまうことがある。これは、緊張やプレッシャーが原因で、新しく覚えた正しい持ち方より、長い間習慣化していた以前の持ち方のほうが活性化され、優位な動作として出てしまうためだ。

スポーツでも「昔の悪いクセ」はいざというときほど顔を出す。けれど、これは人間の構造として、いかんともしがたい基本パターンなのである。
唯一の克服法は、**新しい動きの習慣強度を、すでに染みついた古い動きより強くすることだ。これには、反復練習の積み重ねしかない。**

ゴルフで目からウロコが落ちた瞬間というのは、正しい箸の持ち方のちょっとしたコツに「気づいた」段階にすぎない。これを実際の動きとしてできるようにするには、新しい動きを何度も何度もくり返してカラダに刷り込ませる必要がある。最初は10回のうち2回しかできなかったことを、3回、5回とできるようにしていくのだ。これで「気づいた」ことが「できる」ようになっていく。

しかし、「できる」だけではまだ足りない。練習でできたことが、本番でできるとはかぎらないからだ。本番で、それもいざという場面でできないということは、習慣強度がまだまだ不十分だと考えよう。

新しい動きを本番でもできるようにするには、意識して変えようとしていた動きが、無意識にできるようになるまで「自動化」する必要がある。ここまでやって、本当の意味でできたことになる。武術家は、技が「できた」と思ったときに山に篭るという。できたと思ったことを徹底的に磨いて体得するために、山篭りをするわけだ。

かつて〝世界のアオキ〟こと青木功プロが球筋をドローからフェードに変えようと志したときは、猛特訓でスイングを改造した。そして、やっとつかんだと思ったスイングが、試合の大詰めの場面でうまくできず、フックボールになって優勝を逃したことがあった。プロの世界では、これではまだできていないのと同じ。本気でスイングを変えようと思ったら、そう簡単にできることではないと覚悟しておいたほうがいいだろう。

「やっぱり徹底的にやらないとうまくならないのか……」と思うかもしれないが、そうでもあり、そうでもないのが、ゴルフのおもしろいところだ。この本では「練習するしかない」という表現が出てくるが、練習は「量」も大事だがもっと大事なのが「質」。**特にわれわれアマチュアは、練習の質を高めることでより効率良く上達できる。そのためにおおいに役立つのが「考え方」や「知識」である。**

ゴルフに必要な「宣言的知識」と「手続き的知識」

ゴルフの技術を「知識」だとする考え方がある。歴史の知識を言葉で覚えるのと同じように、筋肉を通して学ぶ運動や技術も同じ知識という考え方だ。

関が原の合戦があった年は、１６００年。何回かくり返して覚えれば記憶できる。頭でわかればいいのだ。これを「宣言的知識」という。ゴルフでいえば、スライスを直す理論、といった言葉で示すことのできる知識である。

一方、感覚を頼りにすばらしいスイングができるというような技能を「手続き的知識」という。

われわれが習得する知識は、宣言的知識のほうが多い。机に向かって覚えることは、ほとんどがこれ。受験勉強はその最たるものだ。

ゴルフの上達には、宣言的知識と手続き的知識の両方が必要だ。技術を覚えていくためには、まずは宣言的知識を頭に入れ、それを手続き知識として確立していくのがいいだろう。

たとえば、「ビハインド・ザ・ボール（頭をボールの右側に残してインパクトする）」というレッスンがある。まず、これを宣言的知識として頭に入れる。

次に「ビハインド・ザ・ボール」を手続き知識として覚える。ところが、これがなかなか簡単なことではない。事実、あなたも「わかっちゃいるけど、なぜできない？」ということが多いだろう。これがゴルフのむずかしいところなのだ。

言葉でわかってもカラダができないのは、頭の理解とカラダの理解は経路が違うからだ。**宣言的知識は大脳、手続き的知識は小脳の管轄である。どちらが重要かといえば、カラダの理解だ。これを前提に取り組まないと、理屈だけのヘボゴルファーになってしまう。**

ゴルフのレッスン書が伝えているのは、宣言的知識である。もちろん、そっくりそのまま手続き的知識にはならない。手続的知識として何かひとつのものを選び、習熟させるのには時間がかかる。これを自覚する必要がある。短時間で済むだろうと思っていると、初歩的な悩みが生まれ、上達は遠くなる。

「毎日やっても飽きない」がゴルフのルーツ

ゴルフはみなさんが思っているほど簡単なスポーツではないといったが、人間の日常生活で使っている能力を考えると、そもそもゴルフは、技量的な点で楽しめるレベルが高いスポーツだと思う。

歴史をたどっても、ゴルフは、貴族やエリートたちがくり返しやっても飽きずに楽しめるスポーツとして発展してきた。そういう文化的背景も、ゴルフをむずかしくした要因かもしれない。

欧米のゴルフ場をプレーしてみると、パブリックコースはやさしくつくってあるが、名門コースはむずかしいことがわかる。コース設計家の加藤俊輔さんが教えてくれたが、その理由は、名門コースは暇もお金もあるメンバーが毎日来るから、やさしいコースだと飽きてしまう。反対にパブリックコースがむずかしかったら、一般ゴルファーがゴルフを嫌いになってしまうからだそうだ。

決してゴルフを軽く見てはいけない。そして、それだけゴルフは一生懸命情熱をかける価値のあるスポーツなのだ。

「クレージーゴルフ」のススメ

あるゴルフ雑誌に、ゴルフを始めて何年でシングルになったかを調査した記事があった。それによると、いちばん多かったのは3年未満。10年以上かかってシングルになったゴルファーは少なかった。

この結果は、すぐにうまくなる人はやっぱり才能があるとか、下手は何年やっても下手ということを示しているのではない。

ゴルフを始めて3年でシングルになれるのは、ゴルフが楽しくて楽しくてしょうがないという時期に、集中的にやったことがいちばんの要因だろう。これを「集中豪雨型」という。

心理学の学習理論では、何かを覚えてから時間をおいてしまうと、覚えたことがゼロに戻ってしまうことがあるが、その反対に、**一時期にやり続けると忘却率が低く、覚えたこ**

とが消えずに残るといわれている。

ゴルフがうまくなりたかったら、集中豪雨型で一気にやることだ。やりたくても時間もお金もない、というのは言い訳にすぎない。人間、その気になれば、苦労も苦労と感じないもの。だってあなたは、好きな異性ができたとき、時間やお金や体力のことを気にしただろうか？

10年もやってるのにうまくならないとボヤいている人にも、ボールが打ちたくて仕方がない時期があったはずだ。そのとき一気にやらなかったことを反省材料として、今度何かの拍子に「ゴルフがやりたい！」と思ったときは、乗り遅れずにやるべきだ。

やりたいと思ったときが、うまくなれるとき。クレージーゴルファー、おおいに結構ではないか。

金谷多一郎プロの上達ヒント！

ゴルフが上達するスピードに個人差があります。

アマチュアの悪いパターンは、思うようにうまくならないからといって焦ってしまうこと。この傾向が強い人は、他人と自分を比べて一喜一憂しやすく、自分のペースをなかなかつくれません。

心構えとして大切なのは、ゆっくりでもいいから、確実に、順序よく技術を積み上げて、少しずつうまくなっていくことです。この気持ちがあれば、行ったり来たりの泥沼にはまることも少ないはずです。

早く上達する人を見ていると、日常生活の動きや、自分が経験してきたスポーツに、ゴルフの動きをたとえてイメージすることがうまい人が多いように思います。知識を詰め込むだけでなく、知識を自分の動きとしてフィードバックするから覚えが早いのです。

アドバイスや気がついたことをすぐにメモする熱心な人もいますが、せっかくメモをしてもそれで終わらせてしまっては意味がありません。メモに書き込んだ言葉から一歩進み、自分の感じたイメージの言葉に置き換えて覚えるようにすることが上達のコツです。

ゴルフが本当に上達したといえるのは、正しいことを「考えなくてもできる」ようになったときです。新しく覚えようとすることをこのレベルまで引き上げるには、それなりの練習量と覚悟が必要なことを知っておきましょう。

「わかった」はずのことがくり返してできないのは、カラダで習得できていないからにほかなりませんが、習得のプロセスでは、浮き沈みがあることを覚えておきましょう。昨日6割できても、今日は3割しかできないこともめずらしくありません。

できなかったときに大切なのは、「これはやっぱり違う」と決めつけないこと。違うと思うと、今度は次の新しいものを探し始めてしまいがちです。このくり返しでは、せっかく気づいたことが結局は何も身につかないのです。

ゴルフは一生をかけて楽しめるスポーツです。すぐにうまくならないからといって、焦ったりあきらめたりするのはもったいない。正しくやれば結果はかならずついてきます。おおいにがんばって、おおいに楽しみましょう！

【「メンタルトレーニング」はアマチュアにも効果ある？】

メンタルコントロールは「技術」。だから練習しなければ身につかない

メンタルトレーニングは「魔法のクスリ」ではない

ゴルフに出かける朝、目覚めたときに「今日はドライバーが真っすぐ飛ぶ。ベストスコアが出せる」と自己暗示をかけるといい。

良いスイングを覚えるためには、通勤電車の中でイメージトレーニングするといい。

緊張した場面でリラックスするためには、「肩から力が抜けていく、抜けていく」とつぶやくといい……。

さて、あなたは本当にこれらの方法が有効だと思うだろうか？

「メンタルトレーニング」がゴルフの世界で注目されるようになってから、ゴルフのためのさまざまな心理学的技法が紹介されている。けれど、そんな記事や本を読んで、すぐ

に実際のゴルフの場面で応用しようとしても、はっきりいって無理である。

「そんなことをいうなら、なぜこの本を書くのか?」とお叱りを受けそうだが、メンタルトレーニングが即効的でないのは、本当のことだから仕方がない。スポーツで精神を集中し、感情をコントロールして良い成績をあげる方法は、たしかに存在する。だが、その効果を出すには、かなりの期間トレーニングを積む必要がある。


アマチュアに、「ゴルフで緊張しなくなるにはどうしたらいいか?」とよく聞かれる。けれど、正直なところ答えに窮してしまう。まじめに考えて、まじめに答えようとするほど、困ってしまうのだ。

理由はふたつある。

ひとつはスポーツに対する考え方に関係がある。スリルや緊張感のないスポーツをやって何がおもしろいのか、という考え方だ。朝いちばんの震え、もしかしたらハーフ50を切れるかもしれないときの最終ホールのティショットでの緊張感……。そんな感情の高まりこそがスポーツの醍醐味なのだから、ゴルフで緊張したっていいじゃないか、という考え方だ。

ふたつめの理由は、さまざまなトレーニング法を学び、それを自分のスポーツ競技に応用できるまでには、結構な時間がかかるということだ。それに、本格的にやるためには、指導してくれる人が必要である。トップアスリートがメンタルトレーニングの成果で優勝できたという話をしばしば聞くが、彼らはメンタルの専門家の指導のもと何年もトレーニングを重ねているのだ。

アマチュアの場合、**専門的なメンタルトレーニングを受ける余裕があるなら、インストラクターにレッスン代を払い、正しいスイングの練習をしたほうがよっぽどましだと思う。**

メンタルトレーニングは「感情」と「思考」を鍛えるもの

ちょっと突き放したような物言いになってしまったが、これはスポーツ心理学者として、そしてゴルファーとして、良心的な答えだと私は思っている。

では、メンタルトレーニングについての正しい知識を心得ていただきたいので、概要を説明していこう。

メンタルトレーニングは、心理学の専門用語では「メンタル・スキル・トレーニング」というのが正しい。つまり、精神的な「技術」の訓練なのだ。

技術の訓練とは何かというと、大きくふたつに分けられる。

ひとつは「感情」をコントロールする技術。

プレー中には、緊張、不安、怒り、焦りなどの感情が起こるが、これらがパフォーマンスにマイナスの影響を与えないよう、できるだけ一定のテンションを保つ必要がある。

たとえば、最後の3ホールを全部ボギーでいっても初めてハーフ45が切れるというとき、震えがきて思わぬ大タタキをしてしまうことがある。この場面で「45が切れちゃったらどうしよう……」と考えるのは消極的な思考だ。「自分はよく練習したから今日はチャンスが来た。がんばるぞ！」と積極的に考える人のほうに、実際に45を切るチャンスはめぐってくる。このように、本番で積極的なプラス思考になれるように自分をもっていくことも、感情コントロールの技術である。

緊張したときに深呼吸する、このパットは入りそうもないと弱気になったとき「これは入る」とセルフトークをする、プレッシャーを消すためにリラクセーションの体操をする。こうした方法を知り、日ごろから身につけ、本番で感情のコントロールをうまくできる技術をつけることが、メンタルトレーニングのひとつの目的である。

もうひとつは、知覚力や判断力など「思考」をコントロールする技術だ。

たとえば、ショットを打つ前にはボールのライ、目標までの距離、風などを判断するが、このときに用いる、判断、決定、思考、記憶などの頭のはたらきは、実は精神的な技術のひとつなのである。

ある女子プロに、こんな興味深い話を聞いたことがある。

「ホームコースなど、何回もまわれるコースで自分がうまく打てた経験を、コースの情景を含めて丸ごと記憶しちゃうんです。そうして、新しいコースをまわるときは、このホールは自分のホームコースの何番ホールに似ている、ということがわかれば、そのイメージを目の前のホールの上に被せるようにしています。そうすれば、ショットも安心して打てますし、コースマネジメントもうまくいくんですよ」

このやり方は、きっと多くのアマチュアにプラスになると思う。このように記憶をもとに判断する技術を養うことも、メンタルトレーニングの範疇《はんちゅう》に入る。

コースでの経験がもっとも効果的なメンタルトレーニングになる

メンタルトレーニングとは、家のソファーや電車の中でやるもの、と考えているゴルファーは少なくないだろう。

たしかに、メンタルトレーニングは、本を読んで覚えられる部分もある。感情をコントロールするためには、呼吸法でも瞑想法でも、あるいはストレッチでもいいから自分に合う方法を見つけ、最低でも6週間くらい続ければ、本番で役立つ可能性はある。スイング技術の本だけでなく、ゴルフのルール、歴史、伝記、エッセイなどを読めば、「ゴルフの頭」をよくするためのヒントがたくさんもらえる。

でも、**本格的なメンタルトレーニングをする機会がないアマチュアにとって、いちばん効果的なトレーニング方法は、コースに出て何度も失敗すること**だと私は思う。失敗をした経験、その反対に成功した経験を覚え、次に生かすことが大切なのだ。

くり返しいうが、メンタルトレーニングとは、精神的な「技術」のト

金谷多一郎プロの上達ヒント！

プロゴルファーが日ごろ行なうメンタルトレーニングは、試合中に感情や思考をコントロールし、自分のゴルフの技術を最大限発揮できるようにするためのものです。

では、アマチュアの未熟な技術をメンタルテクニックでどこまでカバーできるかと聞かれれば、基本的にはむずかしいというほかありません。ただし、ヒントはあります。

それは、スイング中の動きを、部分的なポジションや形で考えないような精神状態をもっていくこと。プロでさえスイングにこだわり出したときは、パフォーマンスが下がりますから、アマチュアはなおさらこのことを意識してください。

形のかわりに考えるのは、リズムやテンポ、スイング中の握力の変化など、「動きの流れ」に関すること。これを考えるとうまくいく、という自分なりのひとつのチェックポイントに集中できれば、感情面に左右されずにいつものスイングがしやすいはずです。

レーニングである。技術なんだから、やはり練習しないとできるようにはならない。

【「イメージトレーニング」でうまくなれる?】

イメージだけ意識しても効果は低い。フィジカルトレーニングと合わせることが大切

イメージで動きや技術を引き出せる

「イメージ」はゴルフのパフォーマンスに大きな影響を与える。

メジャー8勝をあげゴルフ殿堂入りしたトム・ワトソンは、いち早く1970年代からイメージトレーニングを採り入れた。それも、ごもっとも。ワトソンは名門スタンフォード大学で心理学を専攻していたのである。

ワトソンがすごい点は、イメージトレーニングを「毎日欠かさず続けている」ことだ。トレーニングの成果を望むには、ある程度の時間と継続性が不可欠である。覚えてすぐに

効き目が出るような、都合の良いものではないのだ。

イメージトレーニングはメンタルトレーニングの一部と位置づけられているが、その基本的な定義は、「正しい運動行動を頭の中に思い浮かべることによって、運動行動の習得を容易にする方法」である。

カラダの動きを頭に思い浮かべると、動かそうとする部位の筋肉群に電気的活動が発生することが確認されたのは、1930年代のこと。その結果から、実際に筋肉を動かさなくても、イメージを思い浮かべることで頭の中の神経系は運動を実行するときと同じようにはたらいているに違いない、と思われたのである。

実はこうした科学的研究が進む前から、高度な技術練習を必要とする職業の人々の間では、イメージトレーニング（まだこの言葉はなかったが）が行なわれていた。

往年の名ピアニスト、アルトゥル・ルビシュタインは、作曲されたばかりの曲の譜面を演奏旅行の直前に受け取り、飛行機の中でそれを見ながらイメージトレーニングを行なうだけで（ピアノに向かって練習することなしに）、旅先でその曲を見事に演奏してしまったという逸話を残している。

ゴルフの参考になる研究としては、手先の器用さが必要な運動技能の学習で、イメージトレーニングの効果を測った結果がある。

この研究はトレーニングをカラダとイメージに分け、その組み合せでどの程度の学習効果があるかを比較したものである。それによると、もっとも学習効果が高かったのは、カラダとイメージの両方を使ったトレーニングだった。これを100とした場合、カラダだけの練習効果は90、イメージだけは70で、熟練者がやっているところを見学するだけの学習効果は50だった。

つまり、ボールを打つ練習だけをしても、トッププロの動画を見てショットの良いイメージを描くだけでも、大きな効果は期待できないというわけだ。**「カラダを動かす練習」と「イメージ練習」を両方合わせて行なうことが大事なのである。**

できるだけ鮮明なイメージを描く

イメージトレーニングでもっとも大切なのは、「鮮明なイメージを描く」ことである。

適切なイメージトレーニングを実行するためには、次の4つの条件があるといわれている。

①自分の技能を漠然としたフィーリングに基づいて行なうのではなく、その動きを言葉で表現できること

②自分の内面の言葉（セルフトーク）でイメージされた技能の調整を行なえること。たとえば、腕の振りをもっと大きくしようとか、腰の回転をもっとスムーズにしようといった心の中でのつぶやきによって、運動のイメージを変化させ調整できること

③技能のどのポイントがもっとも大切かがわかり、そこに意識を集中できること

④その重要なポイントについて適切で明確なイメージが描けること

イメージを鮮明に描けるようにする方法は、イメージを描く練習をくり返すほかに方法はない。とはいえ、少々のコツはある。

イメージは、まずは簡単なものからつくり始めるといい。練習として「メンタル」という文字をイメージしてみよう。

まず「メンタル」という文字を注視する。そのあとで首を動かして目を離し、「メンタル」という活字を頭の中の前のほうに思い描く。

「メンタル」の鮮明なイメージを描くには、最初は目を閉じてやるといい。そして、イメージ能力をさらに高めるためには、目を閉じずに目線を下に落とすだけでやってみる。阿弥

陀如来や弥勒菩薩などの仏像のあの目つきである。こうすると、鮮明なイメージを描け、頭の中に入っていきやすくなる。

最終的には「筋肉の感覚」のイメージに結びつける

では、ゴルフスイングの場合、具体的に何のイメージを描くのがいいか？

まず、ビギナーは、自分がお手本とする上手な人のスイングを見た様子をイメージに浮かべるといいだろう。身近な上級者でもいいし、松山英樹でも、イ・ボミでもいい（プロでもクセのあるゴルファーは避けたほうが賢明）。ひとりを選んで、くり返しイメージしてみよう。

このとき、スイングを自分に参考になる方向（角度）からイメージの題材にすることをおすすめする。平面的なテレビ画面に映ったお手本よりは、三次元空間で実際に見たお手本のほうが効果が大きいからだ。このようなイメージを「外的イメージ」という。

次に題材とすべきは、自分自身に関するものだ。たとえば、

- アドレスしたときに見えるカラダとボールの位置関係
- テークバックの開始で手が動いていく軌道

・打ったボールが飛んでいく姿
・ナイススイングをしたときの動画に映った自分の姿
などをイメージしてみる。これも外的イメージの一部である。

外的イメージに対して「内的イメージ」がある。これは自分のカラダが動いたときに感じられる筋肉の感覚についてのイメージだ。

たとえば、スイングのトップが正しくできたときに、手首にどのような感覚があるか、胴体のねじれの緊張感がどのようになっているかなどを思い浮かべるのが、内的イメージである。カラダの各部の動きの順序やスピードを思い浮かべることも、これに含まれる。

わりと簡単にできる外的イメージを使ったトレーニングができるようになったら、できるだけ早い時期に内的イメージを重点的に使うトレーニングに移行していくのが望ましい。なぜなら、人間が運動をコントロールするときは、内的イメージを通して行なわれるからである。

アベレージゴルファーは「スイングの前」にイメージをつくる

練習場で少しカラダを慣らしてから、良いスイングのイメージを思い浮かべ、頭の中でそのスイングをくり返し、感じが出たところでボールを打ってみる。これは「動作の先に行なう」イメージトレーニングである。

一方、練習中に良いフィーリングでスイングができ、球筋も良かったあとで、いったんボールを打つのをやめる。そして、いまできた良いショットの記憶を頭の中にイメージして、その感覚を忘れないようにする。これが「動作のあとに行なう」イメージトレーニングだ。

金谷多一郎プロの上達ヒント！

ラウンド中、頭の中に攻略ルートやショットのイメージが次々とわいていてくるときは、ゴルフの調子が良いものです。

ところが、イメージがまったくわかず、スイング自体がさっぱりわからなくなってしまうときもあります。信じられないミスの直後など、頭が真っ白になってしまったときです。こんなときには、次のことを考えてみるといいでしょう。自分に合う解決方法を見つけることも上達には欠かせません。

- ●スイングで「これさえ気をつければいい」という自分で頼りになるチェックポイントをひとつだけつくっておき、それだけを考えてクラブを振る
- ●意識をフェース面だけに集中させ、フェースの動き（フェースコントロール）を頼りに振る
- ●クラブ、腕のことは忘れ、リズムとテンポだけを考える。フォームは無視して、リズムとテンポだけを頼りにがむしゃらに振る
- ●クラブのヘッド側を持って、目いっぱい速い素振りをしてスピード感を味わってから打つ
- ●クラブを３本くらい持ってしっかり素振りをする。重いモノを振ることでカラダの大きな筋肉の動きを思い出す

どちらの方法も有効だ。けれど、アベレージゴルファーは、先に行なうイメージトレーニングに重点を置くべきだろう。反対に、ある程度の技術習得段階に達している人にとっては、あとに行なうイメージトレーニングがかなり有効だと考えられている。

その理由は、定着させていくべき良いスイングのイメージを、ビギナーは自分でつくり出すことがうまくできないが、上級者ならできるからである。

アメリカのある大学ゴルフ部の1シーズンにわたる現場研究で、ラウンド後に良いショットを思い出す習慣をつけた選手の平均ストロークが、それをしなかった選手に比べて、1・5向上したことが報告されている。4日間競技にあてはめれば、6打という大きな差になる。

練習でできることが実力だと思うのは上達を妨げる大きなカン違い

【コースに行くとうまく打てないのはなぜ?】

「練習場シングル」はゴルフが下手な人の呼称

練習ではうまく打てるのに、コースへ行くと途端にミスばかりということはよくある。練習でできることが本番でできないのは、メンタル面に問題があるはず。何か良い特効薬はないのか？　とよく聞かれる。期待されているのにこんな答えで申し訳ないが、はっきりいってこれはメンタルの問題ではない。

そもそもこの手の質問は、「練習場でできることが自分の実力」と思っているところに大きなカン違いがある。

あなたが練習で10の力を出せるとしたら、コースで発揮できるのは、そのうちせいぜい5か6かもしれない。こっちがあなたの本当の実力だ。プロだって同じこと。それを7、8と出せるようにしていくのが練習であり、元の10を12、13に容量アップするのも練習だ。

ところがアマチュアは、練習で10できたらコースで12できること求めてしまう。カン違いもはなはだしい。ちまたには「練習場シングル」と呼ばれる人がいるが、これはゴルフがうまくない人に対するありがたくない呼び名である。決して褒められているのではないから、カン違いしてはいけない。

本番につながる練習法を工夫する

ゴルフは、外部からの情報を処理する「開放的技能」と、自分のカラダの内側から発せられる刺激の情報処理（正しいスイングをくり返して実行すること）をする「閉鎖的技能」の両方を含んでいる。

練習場ではいいけど本番でダメというのは、開放的技能が足りないことが原因である。これを解決するには、コースへどんどん出て経験を積むしかない。

練習場で鍛えられるのはおもに閉鎖的技能のほうだが、工夫しだいで開放的技能を身につけることができる。ようは、練習場の環境をコースに近づけるのだ。

練習場とコースの大きな違いのひとつは、練習場ではどんなミスショットを打っても罰を受けないこと。これは気分的にもたいへん違う。ミスを怖がらずにスイングできることが幸いして、ナイスショットが打てることも多い。ところが、これと同じスイングはコースではなかなかできない。ミスを怖がるからだ。

そこで、自分にプレッシャーを課して練習してみる。たとえば、ドライバーショットを右から3番目と4番目の鉄柱の間に当てるとか、アイアンショットをヤード表示の看板の周囲3メートル以内に落とすとか。仲間と一緒に飲み物やボール代をかけてやると、適度なプレッシャーになって効果が高まる。

ちなみに、私は子どもと練習で賭けをするときも、絶対に容赦しないで勝つようにしている。そうしないと、お互いに本番のための練習にはならないからだ。

本番とまったく同じ服装で練習するのも効果がある。ウエアはもちろんのこと、シューズ、グローブ、キャップやサンバイザーまですべてを本番仕様にし、自分がコースをまわっていることを想定しながら練習するのだ。

こんなことが効果があるのか？　と疑う人がいるかもしれないが、試合が近づいたときに試合用のユニフォームで練習することは、「ドレス・リハーサル」と呼ばれさまざまな競技で取り入れられている。あらかじめユニフォームでのプレーに慣れておくわけだ。**練習の場が本番につながっていることを、頭に入れて練習することが大切だ。**

ロングパットが下手なのは「ぶっつけ本番」だから

最近のコースは、大きいワングリーンが主流だ。そのため、アイアンショットがグリーンに乗りやすくなった反面、20メートル、30メートルという超ロングパットを打つことも多くなった。

アマチュアの場合、ロングパットの距離感はなかなか合うものではない。パットよりアプローチショットのほうがまし、という場面にもしばしば出くわす。グリーンが大きくなり、ショットが乗るとたしかに気分はいいが、冷静に考えると、ロングパットが多くなることは、結果的にはスコアを崩す原因になっている。

なぜロングパットの距離感が合わないか、考えたことはあるだろうか？　もともと距離感が悪いから、と思う人もいるだろうが、最大の原因は経験不足、準備不足にあるといってまちがいない。

たとえば、朝の練習グリーンで、グリーンの端から端まで打つロングパットの練習をしている人は、ほとんど見かけない。つまり、ラウンドではぶっつけ本番。自分の中にロングパットの距離感がないのに打つわけだから、とんでもなくショートしたりオーバーしたりしてもなんの不思議もないのだ。

「頭の準備」が結果に結びつく

ある有望な若手プロに、パッティングのアドバイスを頼まれたときのこと。

練習グリーンで、彼は同じラインを10発くらい練習し、次にはちょっとラインや距離を変えてまた10発くらい、という練習をしていた。その姿を見ていて、私は非常に気になったことを聞いてみた。

「同じラインを打つとき、2回目以降は距離に対して自分がどのくらいの力の感覚で打ったらいいか、判断してないでしょ?」

最初に打ったフィーリング(それが良くても悪くても)が残っているうちに2打目を打つと、1回目の経験を基準にちょっと強くとか、ちょっと右ということは考えても、距離やラインを全体的に考えることはしないものだ。

「そうですね、あまり考えずに打っていました」

予想どおりの答えであった。

パットでもアプローチでも、自分の距離感やフィーリングを鍛えるためには、1打1打目標を変えてランダムにやらないと効果はほとんどない。頭の中が動いていなければ、練習にならないのだ。10メートルを打ったら次は3メートル、7メートルというように、目標とともに気持ちも切り替えてやったほうが、はるかに効果は高い。

ゴルフには、1打1打に「準備過程」が必要である。準備の段階で自分がやることを明確にし、イメージをつくるわけだが、同じ距離を何度も続けて打っていると、準備をしなくても済むので練習の効果がかなり減ってしまう。手を抜いた楽な練習、というわけだ。

そこで私は、若手プロに1打1打違う目標を決めて打つ練習をすすめてみた。たとえば、自分を中心にしてボールをいろいろな距離や方向に置き、1打1打ティペグを投げてそれが差した方向にあるボールを目標に向かって打つような練習である。

こうした練習では、毎回毎回、距離やラインに対してどのような大きさのストロークをするか、そのための力加減はどうか、ということを頭の中で準備する。これは、誰もがラウンド中に普通にやっている行動のはずだが、練習になると途端にこの準備段階を飛ばしてしまう人が多いのである。

カラダは、準備に応じて動くものだ。「出たとこ勝負」にならないためには、いかに準備をするかが大切。普段から、準備をする習慣をつけておくことも、非常に重要な練習である。先ほど紹介したパットの練習は、50発もやればくたくたになるはず。それほど「頭の準備」にはエネルギーを使うものなのだ。

本番に合った「習慣化」のクセをつける

ゴルフのむずかしさのひとつに「距離感」がある。

「距離感は個々がもっているものだから教えられない」というプロは多いが、たしかに感覚は人それぞれ違うから、いたしかたない領域なのだろう。

では、距離感が悪い人はいつまでたっても良くならないのか、といえば、決してそんなことはない。これにも、習慣化が大きな役割をはたす。

その前提として、感覚を数値に置きかえることを考えてみよう。

たとえば5メートルのパットを、見た目の距離感だけで打つのと、「これは5メートルだ」と数字で確認してから打つのとでは、どちらが距離感が合いやすいだろうか？

自分の感覚に自信がある人は「数字を考えると感覚が鈍くなってしまう」というかもしれないが、では、これが10メートル、20メートルになったらどうだろうか？　少なくとも、数字をわかっていたほうが安心感や具体性があり、それによって感覚も生き生きしてくるのではないだろうか。

距離の長短はともかくとして、**距離を数値化し、感覚と結びつけるのは、ゴルフにとってプラスになる技術のひとつである。**ボールからカップまでの距離を歩測し、仮に10歩だとしたら、10歩の力加減（感覚）はこのくらいだなあ、と頭の中でイメージをつくる。そうすれば、とんでもなく距離感が狂うことはなくなるはずだ。

ショートゲームの名手として有名なある女子プロに、パットはもちろんのこと、バンカーやアプローチでも、距離を数字に置き換えてから打つ習慣を守っていると聞いたことがある。

5メートルと6メートルのバンカーショットはどうやって打ち分ければいいのか、と少し意地悪な質問をしたとき、彼女の答えは「5メートルのときは〝5〟、6メートルは〝6〟って頭の中でつぶやいてから打ちます」。日ごろの練習から数字と距離感を対応させておき、頭の中で「ピンまで5メートル」と思えば、カラダが自然に5メートルを打つ反応をするようにしているのだそうだ。

プロの場合、本当に調子が良いときは、何も考えなくても「見た、打った、入った」という具合にうまくいくこともあるそうだが、アマチュアはやはり距離を数値化する習慣と練習を積み重ねることが、距離感を

金谷多一郎プロの上達ヒント！

本番を想定した練習のちょっとしたコツをいくつか紹介しましょう。

●目の前にボールをバラ撒かない

打席の前にカゴからボールを出しておく人が多いですが、コースではこんな状況はありえません。視界に入るボールをひとつにして練習することで、ボールに対する集中力が身につきます

●オートティーアップを無視する

オートティーアップにまかせてボールを打ち続けると、スイングを機械のリズムに合わせてしまいます。これに惑わされず、つねに自分のインターバルでショットするクセをつけておきましょう

●マットのラインに逆らって打つ

コースでスクエアにアドレスするために大切です。目に入るラインに逆らって斜め構え、自分のスクエア感を確立する練習をしましょう

鍛える近道ではないだろうか。
メンタルの問題は、何かのきっかけで突然解決するようなものではない。自分で自覚して、習慣化して、初めて生かされるものだ。日ごろの積み重ねが大切なのだ。

【ミスとの付き合い方】

アマチュアはミスを気にするがプロはミスを忘れる

ミス直後のスイングチェックは「ミスの体質」をつくるだけ

「ゴルフはミスのスポーツ」といわれるほど、ゴルフとミスの関係は深い。ミスとどうやって付き合うかは、ゴルフのうまさそのものであるといっても過言ではないだろう。

残念ながらアマチュアは、ミスとの付き合い方がうまくない。たとえば、ミスショットを打った直後、「いまのは右わきが開いた」などとかならずミスの動きを再現するのがその典型だ。エクスキューズ、照れ隠しもあるのだろうが、これはミスの神経回路を強化することに役立つだけの行為である。つまり、ミスにミスの上塗りをし、再び同じミスをしやすい自分をつくってしまっているわけだ。

反対に、**ナイスショットのあとで感じがよかったそのスイングを、もう一度くり返して確認する人はほとんどいない。こちらをしたほうが、上達にははるかにプラスになる。**

帝王と呼ばれたジャック・ニクラスがアマチュアにレッスンを行なったあと、質問を受けた。ある人が「シャンクはどうやって直すのか?」と尋ねたところ、ニクラスの答えはこうだった。「わからない。自分はシャンクをしたことがないから」

「そんなはずはない。私はあなたが試合でシャンクをしたのを見たことがある」と質問者が食い下がると、「そんなことあったかなあ?」

ニクラスとはいえ、シャンクをした経験がないとは思えない。本当に忘れているのか、あるいは思い出さないようにしているのか……。いずれにしても、シャンクの嫌なイメージを頭の中から排除しようとしていることはたしかだ。

良いイメージは残し、悪いイメージは忘れる。ここがプロとアマチュアの大きな違いのひとつである。

ミスはあなたが考えているほど重くない

誰もミスをしようと思って打つわけではない。だから、ミスをしたときはボヤいたりグチったりしないで、適当なクラブを2～3本持って足早にボールの場所まで行く。これであなたは立派なゴルファーといえる。

ミスのあともっとも大切なのは、自分を絶対に責めないことだ。そもそも、自分のゴルフに対する取り組み方を考えてみるといい。練習もあまりやらずに、そこそこのプレーができればいいと思っているなら、たまのゴルフでミスをした自分を責めるなんて〝お門違い〟である。「こんなはずじゃなかったのに……」ではなく、「やっぱりミスしたか」くらいに考えるべきだ。

ミスは甘んじて受け入れる。ミスを気にするより、次のショットに一生懸命になる。次のショットが成功すれば、リカバリーショットとして俄然光ってくるし、自信も出てくる。この段階で、あなたはすっかり立ち直っていることだろう。

ゴルフで生活しているプロと比べれば、アマチュアのミスはまったくもって大した重みはない。だからミスでマイナス思考になるなんて、もってのほか。ゴルフにミスは付きもの、ゴルフはミスを呼ぶスポーツなのだ。

アマチュアはミスを気にするが、プロはミスを忘れる。
良いイメージだけ残すのが、上達のコツ

こうしたある種、自虐的なスポーツを英国人は愛したのだろう。自分がいくらがんばったからといって、良い結果がついてくるわけではない。辛気臭いのだ。そう思っていれば、ショックも少ないし、自分を取り戻す気持ちにもなりやすい。

嵐のあとには晴れ間がやってくる。ゴルフは、まさに人生そのものだ。

ミスショットは野球のファウルだと思えばいい

同じことは、練習でもいえる。

アマチュアは自分の欠点を見つけ、それを直すために練習をする。ところがプロは、正しい動きをカラダに染み込ませるために練習する。一見、同じことのように思えるが、**アマチュアが練習で一生懸命自分の粗探しをしているのに対し、プロは良い動き、良いイメージだけをひたすら追求する。実はこの差は非常に大きい。**

練習で出るミスに対する考え方も違う。

もし大きく曲がるスライスが出たとしたら、アマチュアはその原因を探して直そうとする。「いまのはインパクトの前に左腰が後ろに引けてしまったからスライスになった。今度はもっと左足を踏み込もう」というように、ミスになった球筋を分析して、次は真っすぐ飛ばすように考える。

プロは違う。ミスショットが出ても、その球筋自体はあまり気にしない。スライスであれフックであれ、ミスはミス、ダメなものはダメ、という発想だ。ミスのあとにすることは、頭の中にある正しい動きに忠実になろうとすることだけだ。

たとえば、野球の練習でファウルを打ったとき、ファウルボールの弾道を気にする人はいないだろう。ファウルはファウルとして割り切り、次は良いスイングをすることだけを考えるはずだ。この発想がゴルフにもほしい。

スポーツの練習の目的は、良いフォームを固めることである。欠点を見つけることは、それとイコールとはかぎらない。苦手なクラブを練習してマスターすることも大切だが、それよりも**自分がいちばん振りやすい得意なクラブで良い動きをどんどんくり返したほうが、結果的に上達が早い**のではないかと私は思う。

米国の女子バレーボールチームが、1988年のソウルオリンピックに向けて練習をしているときの話だ。このチームは、当時としては新しかったメンタルトレーニングを取り入れた。

試合が間近に迫ると、スタッフは選手がナイスプレーをした場面だけをビデオに編集して本人に見せた。ビデオを何回も見せ、このスパイクを打ったときはどんな感じだったのか、助走をどういうふうにして、どのあたりを狙って打ったのかと、良いプレーの感覚を本人に思い出させたのだ。

このビデオトレーニングは、当初、選手を勇気づけることが狙いだったそうだ。ところが、毎日のようにくり返していくうちに、選手の動きが自然に良くなり、良いプレーをする回数が増えていった。予想以上の成果に驚いたのは、スタッフのほうだったそうだ。

この試みは、その後の研究で良い動きでプレーを固めていくと効率的に上達できるという学習理論にまで発展し

金谷多一郎プロの上達ヒント！

ゴルフのミスは、それを防ぐ手立てを準備しておくことも大切ですが、もっと大事なのは、ミスをしたあとの切りかえです。

ミスをして悔しくない人はいません。でも、やってしまったことは取り返しがつかない。このジレンマをうまく処理するためには、ミスを忘れる「行動パターン」をもっていることが必要です。

アマチュアの場合、ドライバーでOBを打ったら、打ち直しは絶対にクラブをかえるべき。クラブをかえることで、ミスを忘れ、新たな環境を設定し、気持ちをリセットすることで、ミスをくり返さないようにするのです。

池ポチャの打ち直しは、改めてルーティンの最初から「仕切り直し」をかならず行ないましょう。バンカーのミスのあとは、一度バンカーの外へ出て仕切り直します。キャディを利用するのもおすすめ。ミス直後にたわいもない会話をすれば、タイミング良く気持ちを切りかえることができるはずです。

た。現在は日本のJリーグをはじめ、さまざまなチームがこのトレーニングを取り入れている。

練習場での粗探しはそろそろやめて、みなさんも良い動きにこだわる上達法を試してみてはいかがだろうか。

第2章

ナイスショットを打つための思考法

【スタート前の効果的なウォーミングアップ法】

現実逃避で緊張するアマチュアはスタート前にテンションを盛り上げる

スタート前はゆっくりした振る舞いを心がける

スタートホールは、誰もが無難にやりすごしたいと願うものだ。

出だしから大タタキをしてしまうと、立て直しに結構な時間を要する。先制パンチをくらった精神的なショックも決して小さくないから、まちがったら一日を台無しにしてしまうことにもなりかねない。

速やかなスタートを切るためには準備が大切だ。

アーノルド・パーマー、ジャック・ニクラスとともに１９６０～70年代に「ビッグ３」時代を築いた南アフリカのゲーリー・プレーヤーは、朝起きてからスタートまで、行動が慌しくならないように気を使ったという。朝からバタバタしていると、精神的にも肉体的にもテンポが早くなり、いつものプレーができないからだ。

顔を洗うときはバシャバシャと勢いよくやらない。食事はがっつかずにゆっくりとる。もしクルマを運転するなら絶対にスピードを出さない。クラブハウスに着いてからも落ち着いた立ち振る舞いを心がけ、歩くテンポはフェアウェイを歩くときと同じにする。こうして、プレーに入るための良いリズムをつくった。

アマチュアの緊張は「縮こまったあがり状態」

スタート前の時間は、緊張や期待から、気持ちが前のめりになるものだ。だから、ゲーリー・プレーヤーのようにそれを抑える技術が必要となるのだが、アマチュアの場合はプロとは事情が少し違う。

アマチュアが感じるスタート前の緊張は、実はテンションが上がった状態ではないことがほとんどだ。その反対に、頭の中がただ漠然としたまま中途半端にだらけていて、妙に神経質になっているだけのことが多い。

その証拠に、緊張は決して前向きのものではなく、現実逃避的な方向に向いている。自分の順番がくるのが怖い、みんなが見ている前でミスをして大恥をかいたらどうしよう、といった具合に。早く順番が来いとプラスの緊張をしているプロとは大違い。「緊張＝あがり」と考えれば、プロのあがりがカッとなったプラス状態なのに対し、アマチュアのそれは気持ちが縮こまったために起こるマイナスのあがりなのだ。

この意味では、スタート前には気持ちを落ち着かせて冷静になろうとするのではなく、逆に**テンションを盛り上げるためのメンタルコントロールのほうが効果があることが多い。**

テンションを上げるためには、柔道選手が畳に上がったときに両手で顔をパンパン叩いたり、テニス選手がラケットで脚を叩くような動作が効果的だ。私は陸上選手時代、どうしても気持ちが乗ってこないときは、試合前に練習用のサブトラックでライバル選手を見つけて、わざわざその横を相手の顔を見ながら走って自分を興奮させたものだ。

スタート前のマイナスの緊張をほぐしたり、プレー中に下がったテンションを立て直すためには、カラダが熱くなるくらい素振りをするといいだろう。それではじめて、平常心より少し高いくらいの覚醒レベルになれる。

「ドキドキしているからうまく打てる」と考えよう

アマチュアがテンションを上げたら、逆にカラダが硬直してしまうのでは？　と疑問をもつ人がいるかもしれないが、心配は無用だ。

キーボードを打つタイピングのコンテストで、緊張してドキドキしている人と失敗が恐くて心配になっている人に分けて、結果を比べた実験がある。成績は前者のほうがはるかによかった。

コンテストという慣れない場で呼吸が苦しくなるほど緊張するのは、エネルギーが出ている証拠。自分としては決して居心地が良い状態ではないが、生理的な緊張感や興奮があることで、細かい作業をミスなくこなす力が出てくるのだ。

一方、失敗を怖がったり、他人がみな強そうに見えたりと、その場から逃げ出したいほど心配になると、動きに悪影響が出やすい。エネルギーをうまく発揮できる心理状態ではないわけだ。

カン違いしてはいけないのは、テンションが上がって興奮した状態は、パフォーマンスに対して決してマイナスではないということ。だから、**緊張はしていても気持ちが盛り上がっていると感じたときは、そこから逃げようとしてはいけない。ドキドキしているから失敗するかも、と考えるのではなく、ドキドキしているからうまく打てる、と考えることが大切だ。**

カラダが冷えないうちにスタートできる時間調整が大切

このように、メンタル的にはテンションを上げることが大切だが、肉体的には最初からがんばりすぎないほうがいいだろう。

日ごろからトレーニングをしている人なら、スタート前に汗が出そうなくらいに筋肉を温めるウォーミングアップをしたほうがいい。しかし、それほど鍛えていない人は、準備体操をやりすぎると18ホールの体力がもたなくなることがある。ショットやパットの練習以外には、体温（特に皮膚温）を上げ、筋肉をほぐすための体操とストレッチを適度に行なえば十分だろう。けがの防止にもつながる。

カラダのウォーミングアップで考えたいのは、時間のやりくりだ。いくら十分にウォーミングアップをしたところで、スタート時間よりだいぶ早く終えてしまうと、カラダが冷えて逆効果となってしまう。全部で30分程度のウォーミングアップを、スタートの10〜15分前に終わらせるようにしてみるといいだろう。

金谷多一郎プロの上達ヒント！

スタート前の練習は、しっかりとストレッチをしてから、汗が少しにじむくらいフルスイングの素振りをして、まずは体温を上げることが大切です。

アマチュアがよくやる、短いクラブで軽めにボールを打ち始め、徐々にフルスイングに近づけていく方法は、いつもの動きを取り戻すための練習としては実はあまり効果がありません。1発目からフルスイングできる状態をつくってから、ボールを打ち始めることをおすすめします。

スタート前の練習でスイングを修正しようとしている人を見かけますが、これを練習の目的にしてはいけません。もちろん結果だけを求めてはダメ。ミスショットが続くと焦りが生まれ、なんとか真っすぐ飛ばそうと躍起になっているうちに時間だけが過ぎてしまうものです。

練習で確認すべきなのは、自分の動きのタイミングがいつもどおりにできているかです。それにはいちばん得意なクラブ（またはいつも練習しているクラブ）で、しっかり、気持ちよくボールを打つことが大切。その日の自分のコンディションを確かめながら、感覚の誤差をなくしていきましょう。

真っすぐ飛ばなくても焦りは禁物。練習ではその日のショットのブレを確かめておくことが大切です。コースではそのブレ幅に応じて攻め方を考えればいいのです。

【朝イチのティショットを成功させる】

「緊張していてもこれなら確実」という方法を自分なりにつくるのが最善策

緊張やプレッシャーを抑え込まずに受け入れる

朝いちばんのティショットは、なんともいえない緊張感やプレッシャーがある。完ぺきは無理でもそこそこうまく打てればその日はやれそうな気になるし、なにより気持ちがグッと落ち着いて、自然に笑みがこぼれる。

ところが反対に、大ダフリ、チョロ、ＯＢなどのミスが出ると、頭の中が一瞬にして真っ白になり、しばらくの間は地に足が着かないプレーを余儀なくされる。「ほかの1打と変わらぬ1打」と知りながらも、朝イチの1打の成否がその日のゴルフを、もっと大げさにいえば、ゴルフ場での自分の存在さえも左右するような、非常に大きな意味をもつように感じるものだ。

それゆえ、朝イチのティショットは大の苦手！　という人は多いだろう。

でも、ご安心あれ。心臓に剛毛が生えているよほど神経が図太いタイプを除けば、誰もがみなあなたと同じように緊張するものだ。オリンピック代表にもなったスキー選手（ゴルフの腕前はシングル）が、スキーの試合のスタートよりゴルフコンペの朝イチのショットのほうがはるかに緊張するというくらいだから、凡人が緊張しないほうが逆におかしい。

緊張を感じたとき、人間はごく自然にそれを抑え込もうとする。

ところが、これがなかなかうまくできない。落ち着こう、リラックスしようと思うほど、反対に緊張感が高まることのほうが多い。当たり前だ。努力して収まるものなら、誰も緊張などしない。

だから、**朝イチのショットを成功させるには、まずは緊張を否定せず、受け入れることが大切だ。**気持ちを気持ちでコントロールしようとすると、結局はコントロールできない自分を発見して、ますます自分を見失うという悪循環に陥る。**緊張は逃げるほど大きくなることを、承知しておいたほうがいいだろう。**

自信があればギャラリーの視線がプラス作用になる

朝イチのショットは、ティグラウンドを取り囲む後続組の視線が気になって嫌だという人も多い。日ごろよくある状況ではないから、それも当然だろう。ガヤガヤとおしゃべりをしていたギャラリーが、自分がアドレスに入ると静まりかえる雰囲気は、プレッシャーをより高める。

しかし、**このマイナスに感じる状況は、努力と慣れによってプラスに変えることができる。**

たとえば、カラオケ。もう何年も歌い込んでいる十八番《おはこ》は、他人が近くで聴いてくれていたほうがうまく歌えるものだ。試合でギャラリーが多いほど集中力が高まるというプロは多いが、同じ心理状態だろう。

このように、他人に見られているほうが前向きの心理状態になれるのは、ゴルフでもカラオケでも、自分にそこそこの自信があることが前提となる。見てほしい、聞いてほしい、みんなの前でいいところを見せつけてやろう。そう思っている人にとっては、周囲の視線が適度なプレッシャーになったほうが、力を発揮しやすいのだ。

要は努力（練習）して技術（力）を身につけることが、他人の視線をプレッシャーと感じなくなるためのもっとも効果的な方法である。経験を重ねて見られている状況に慣れると、誰も見ていないときよりうまく打てるようにもなる。緊張やプレッシャーだけを都合よく取り除いてくれる魔法のクスリがあったら、私のほうが試してみたい。

朝イチショットをアイアンで打つのはカッコ悪い。でも、ドライバーでOBをして打ち直すほうが、はるかに恥ずかしいのでは……

緊張していてもそこそこ打てる安全な技術を使う

「じゃあ、ヘボはいつまでたっても朝イチのプレッシャーから逃れられないのか？」とお叱りを受けるかもしれないが、完全な解決法はないまでも、リスクをより小さくするための方策はある。

そのひとつは、緊張感やプレッシャーがあっても壊れない、安全な技術を使うことだ。これは決してむずかしいことではない。ドライバーが不安だったら、7番アイアンでティショットを打てばいい。呼吸に気をつけたり、リラクッスのための体操をやるよりも、はるかに結果が期待できる。

「いきなり7番なんてカッコがつかない」というのなら、目いっぱい緊張してドライバーを振り回すしかないだろう。もちろん、結果は保証しない。**アイアンを持つ恥ずかしさより、OBの打ち直しの恥ずかしさのほうが、はるかに大きいと私は思う。**

もし、ドライバーでOBを打ってしまったら、最低限、打ち直しではクラブをかえるべきだ。ただでさえカラダが思うように動かない朝のうちは、スイングを変えようと思っても無理がある。スライスの後は、またスライスが出ると考えたほうが賢明だ。ドライバーをアイアンに持ちかえて、スライスを最小限に留めることが得策なのだ。

出だしから高望みして、自分に余計なプレッシャーをかけないことも大切だろう。体操選手は、演技開始直後にむずかしい技は絶対にもってこない。自信をもってこなせる状況ではないからだ。飛距離はそこそこでいいし、ラフでもクロスバンカーでもいい。2打目が打てる位置にあれば十分だと考えることだ。

「最初のホールも18分の1」と考えると肩の力が抜ける

そもそもゴルフコースは、スターティング・ホールがやさしいレイアウトになっていることがほとんどだ。特にティショットについては、いきなりフェアウェイが絞ってあることはめったにないし、多少曲げても大丈夫なようにデザインされている。

求められているパフォーマンスが高くないのだから、とにかく気楽に打つことだ。優れた設計家ほど、最初から難題を押しつけずにゴルファーを気持ち良くさせておいて、あとからギャフンといわせるパターンを用いることが多いそうだ。

私自身の経験でいえば、「最初のホールも18分の1」と考えられるようなってから、非常に気楽に朝イチのショットを打てるようになった。

チョロやテンプラでもいい。それが原因で、結果的にダボやトリプルを叩いても仕方ない。18ホール中のどこかで出るミスが、最初に出ただけのことだ。そう思えるようになったら、失敗が怖くなくなった。「出だしが肝心」と最初のホールをいつのまにか重要視する気持ちが過剰になっていた自分に気がついて肩の力がスッと抜け、その効果もあって出だしの大タタキが減ったのだ。

ゴルフは18ホールの流れの中で自分の力を出すゲームである。たとえ初っ端で痛い目にあっても、取り戻すチャンスはいくらでもある。そう思えば、最初から大タタキしても気持ちが焦らないようになる。

金谷多一郎プロの上達ヒント！

朝イチのショットを成功させるには、まず「そこそこの結果でいい」と思うことが大事です。優勝争いをしているプロでも、最初のショットは安全最優先でいくのが定石です。

スターティング・ホールは、パー4かパー5の設定がほとんどなので、アマチュアは無条件にドライバーでティショットを打ってしまいます。でも、この1打だけ見栄を捨てれば結果的に18ホールがうまくいくのに……、と感じます。特にドライバーに自信がないときは、自分がいちばん得意なクラブで打つことをおすすめします。

どうしてもドライバーを使うなら、ティーグラウンドに上がる前に得意クラブで素振りをしておくといいでしょう。得意クラブを振ることで、自分本来のタイミングやフィーリングをフィードバックし、その感覚のままドライバーを打つわけです。

ショット前のルーティンをしっかり行なうことも大切です。いつもの動作を行ない、ショットの狙いどころをはっきりさせることで、思いのほか緊張がやわらいで良いスイングができるものです。

朝イチのショットはもちろん、最初の2～3ホールはまだエンジンがかかっていない状況だから、自分本来のスイングもできていないし、距離感もつかめていない。**最初の数ホールは「慣らし運転」と考えてリスクのあるショットは避け、徹底的に安全策をとることが、18ホールの流れをうまくつくるコツである。**

【久々のラウンドで感覚をいち早く取り戻す方法】

アドレスを「フォーマット化」することがいつもの感覚を取り戻すカギ

アマチュアのゴルフは毎回が久々

最後の数ホールになって、ようやく感じが戻って調子が出てきた、ということがアマチュアにはよくある。

さもありなん。月に1度程度のゴルフでは、スタートから実力を発揮するには無理がある。プレー中にせっかく良い感覚をつかんだとしても、次のゴルフまでに時間がたってしまえば、それを継続するのはむずかしい。財布と時間のキャパがかぎられているのだから、いたしかたない。

毎日のようにゴルフをやっているプロの場合は、3日もあけるとゴルフが久々だと感じるそうだ。もちろん、プロと比べたところで仕方ないが、アマチュアにとってはゴルフは毎回が久々だといっていい。

久々だから、いつも同じような緊張感があったり、以前できていたことができなくなったりすることは当然だろう。朝イチのティショットで痛い目にあった反省から「次のラウンドは、絶対無理しない!」と固く心に決めていたのに、ドライバーを振り回してOB。その直後に「あ、忘れてた!」なんてこともあるかもしれない。

トップはどの位置が良かったか、ダウンスイングでグリップを戻すときの感じはどうだったか、そんなことを思い出しながらプレーするのだから、集中力も散漫になる。

アドレスをフォーマット化してスタート前にチェック

久々のゴルフでは、ショートゲームの距離感やスイングの感じも狂うが、**意外と気づか**

ないのが、アドレスの狂いである。

まじめに練習場に通ってゴルフに親しんでいれば「つながり感」がある。そんなときは、コースへ出ても何も考えずにスッとうまく構えられ、すんなりスイングできるものだ。

ところが、「久々感」のあるときは、アドレスがしっくりせず、スイングもぎこちない。その理由がわからずにいるところに、同伴者から「ボールが中に入りすぎてない？」とアドバイスされて直してみると、途端にナイスショットが打てたりする。**ボールの位置、ボールとカラダの間合いというのは、知らず知らずのうちに狂いやすく、悪いことに人間はそれを自覚しにくいのだ。**

私自身は、グリップの位置がなかなか一定にならずに苦労した。そこである日、セントアンドリュース出身のプロに何か良い解決方法はないかと尋ねてみると、構えたときグリップとひざの間に握りこぶしがいくつ入るか知っておくといいと教えてくれた。グリップとひざの間隔はドライバーからウエッジまで一定にするのがよく、自分がナイスショットを打てるベストなポジションをプロやインストラクターにチェックしてもらい、コースではつねにそれに気をつけて構えることが大切だとのこと。当時、日本では聞いたことがないチェック方法だったが、やってみるとグリップの位置がしっくりくる。英国ではごく当たり前に教えている基本中の基本だと聞いて感心したものだ。

もうひとつ、私には右へフカす癖があったが、これも原因はアドレスにあった。

ある日、知り合いのシングルさんとラウンドしたときのこと。私は思い切って彼にアドレスを見てもらった。すると、姿勢は悪くないが、ボールに近づきすぎだという。ボールの近くに立っているため、インパクトで腕を振り抜いていくスペースが狭くなり、腕が詰まって右へ押し出すスイングになっていたらしい。

彼のチェックにしたがって構えてみると、ボールから離れすぎていて非常に気持ち悪い。でも、その構えから打ってみるとたしかにフケ球が減り、振り抜きも良くなった気がした。家に帰って測ってみると、彼がいう理想の位置より、いままでは10センチ以上も近く立っていたことを知り、自分の感覚や思い込みはあてにならないと痛感した。

ボールの近くに立ってしまうのは、「当たらないのでは……」という不安からくる、アマチュアにはよくある悪い癖だという。ゴルフから離れているほど、近くに立ってしまう傾向があるらしいので、気をつけたいものだ。

だから、久々のゴルフで感覚を取り戻したいときは、スイングを気にする前にアドレスをチェックすることをおすすめする。

そのために、自分のアドレスの基準をつくっておくのがいい。そうすれば、少なくともいつでも同じように構えることはできる。
むずかしいことはない。**自分にとっていちばんベストな足とボールの間隔を測っておいて、つねにその数値に合わせるチェックをするなど、アドレスを「フォーマット化」することで、無用なミスは未然に防げるはずだ。**
このとき感覚をあてにしてはいけない。頼るべきは客観的な物差しである。スタート前の練習ではクラブやマットのラインを利用して、いつもの自分のアドレスをつくってみることが大

金谷多一郎プロの上達ヒント!

その日の自分の感覚に頼るか、感覚はズレていても自分の形を重視するか……。プロの場合は、まちがいなく後者を選びます。

特にアドレスは、いつでも同じようにセッティングできることが重要です。たとえば、正確にスクエアに構えたとき、自分の感覚的にはいつもより少し左を向いていると感じたとします。感覚を優先するともうちょっと右を向きたくなりますが、それではダメ。その日は少し左を向くのが正しいスクエアと割り切って構えるようにするのです。この感覚と実際のズレをチェックすることが、スタート前の練習の大きなテーマとなります。

アマチュアの場合は、自分のアドレスを数字で確認しておくことをおすすめします。次の項目を練習時に測り、コースでもそれを実行してください。自分の最適なポジションをプロやインストラクターにチェックしてもらっておくとさらにいいでしょう。

●両足の幅（両かかとの間隔）　●足とボールの間隔（番手別に）　●可能であれば番手別のヘッドスピード

また、久々のゴルフでは、次のことを守ってください。

●スタート前にかならずショット、パッティングとも練習する　●得意なクラブを多用して攻める　●加減せずなるべくフルショットを多用する

切だ。これが感覚をいち早く取り戻す橋渡しをしてくれる。

【本番でいつものスイングをするには?】

頭と動作を結びつけたルーティンワークを練習で覚え、本番で実践する

イチロー選手もルーティンワークを重視している

本番になるとアドレスがおかしくなったり、スイングが妙にぎこちなくなったりすることは、アマチュアには日常茶飯事だ。

フォームがしっかり固まっていないことも、本番の緊張感から練習とは違う心理状態になっていることも、いつものスイングができない原因である。しかし、もっと大切なことは、いつもの自分を発揮するための「環境づくり」に注意を払っていないことだ。

プロを見ていると、ショット前の動作がいつも同じことに気づく。これを「プリショッ

ト・ルーティン」という。ボールの後ろに立ち、目標をクラブで指して確認。ボールの横で素振りを2回。右手でクラブをボールにあてがい、左足、右足の順にスタンスを取る。目標を確認したら、イメージ確認のワッグルを2回。再度目標を確認してから、いよいよショット。**こうした一連の動作を、どんな状況でも、どんなショットでも同じように行なうことで、プロはいつもの自分のスイングをするための準備を整えている。**

行動を起こす前のルーティンワークが大切なのは、ゴルフだけではない。ラグビーの五郎丸選手のルーティンが話題を呼んだが、野球のイチロー選手もこれを非常に重視している。

ピッチャーに対するとき、バットを持った右手を大きく前にかざしてから構える仕草は、イチロー選手の代名詞。これは、どんなときも自分の間合いで構えるために大切な動作だが、イチローのルーティンワークはこれだけではない。ネクストバッターズサークルで打順を待っているときに行なう屈伸運動や素振り、打席に向かうときの歩き方や間の取り方など、一連の動作をいつも同じように行なっている。

1回表の先頭打者と、9回裏の逆転サヨナラの場面での打席では状況がまったく違う。また、ペナントレースとワールドシリーズでは球場の雰囲気は雲泥の差だ。プレッシャーが大きいほど、球場が興奮状態にあるほど、どんなに有能な選手でも自分を見失いやすい。

それを防ぐためにも、イチロー選手は普段から同じルーティンワークを習慣化し、どんな大舞台でもいつも同じように打席に立つことで、外的な要因に左右されずに自分のバッティングができる環境をつくっているのだ。

だから、イチロー選手が登場すると、球場全体が「次はイチローだ」という空気になる。体操の内村航平選手が演技に入る前も同じ。テレビ画面からも存在感がはっきり伝わってくる。

「認知プロセス」と「動作プロセス」を連動させる

ゴルフの世界にルーティンワークを本当の意味で根づかせたのは、ジャック・ニクラスである。

１９６０年代、ニクラスはコースのレイアウトや距離を詳細に書き込んだメモをもち込んだ。それまでのゴルフは、経験とカンに頼ったいわば職人芸的なものだったが、ニクラスの影響によってゴルフは数値化し、システム化することとなった。正確なショットを打つためにルーティンワークを行なうという発想も、これに並行して普及したといっていいだろう。

ルーティンワークで大切なことのひとつは、「認知プロセス」と「動作プロセス」を結びつけることだ。

認知プロセスとは、簡単にいえば状況判断のこと。距離、風、バンカーやハザードの位置、ボールがランディングする場所の傾斜、グリーンの特徴などを、ショット前に確認する作業である。状況判断がまちがっていたら、いくらショットがすばらしくても良い結果は望むべくもない。

ルーティンがカラダに染みついていないアマチュアは、ボールを打つことばかりに注意がいったり、確認事項を忘れてしまったりして、状況判断が不十分なままショットをしてしまうことがよくある。これを防ぐ手段が、認知プロセスを動作プロセスと連動させることだ。

たとえば、ボールの後ろに立って目標を見るとき、距離、風、ハザードという順にクラブを指しながら確認する動作を習慣化しておけば、チェック漏れがなくなる。しかも、動作を伴うことで頭の回転がうながされ、短時間でジャッジできるようになる。慣れてくれば10秒もあれば十分だ。

むずかしく考えずに、自分のプレーを心の中で実況中継するという手もある。「ただいま距離を確認中です。グリーンセンターまでは１４５ヤード、ピンが少し奥なので残りは

150ヤード程度でしょうか。風は右から軽いフォロー。グリーン左のバンカーはむずかしそうなので、7番アイアンでピンの右側を狙うのがベストルートと思われます」といった具合に。自己確認することで、認知が正確にできる。

状況チェックに続く素振りなどのルーティンワークも、ただ漠然と行なったのでは意味がない。

たとえば、アドレス前の素振りはスイングのタイミングをチェックするために2回、球筋をイメージしながら1回、ボールに入る動作やスタンスの取り方をつねに一定にし、構えたら2回ワッグルをしてスイング始動の動作を確認するというように、個々の動作に意味づけをして行なうことが必要だ。

このように、**頭とカラダを結びつけることで、効果のあるルーティンワークができるようになる。**

ルーティンワークは練習で確立しておかないと意味がない

プロのトーナメントを生で観るとよくわかるが、スタート前に練習をしているときの間合いの取り方や仕草と本番のそれは、どのプロも同じだ。松山英樹は本番とまったく同じ素振りを練習でもするし、ジャンボ尾崎は練習でもズボンをずり上げる。

イチロー選手も、打席に入るまでのルーティンワークを、普段から練習してカラダに覚え込ませたという。つまり、**ルーティンワークとは、まずは練習で確立し、本番では練習と同じように行なうことが大切なのだ。**

アマチュアの練習を見ていると、本番と同じような手順を踏んでショット練習をしている人はまずいない。ところがコースへ行くと、とってつけたようにルーティンらしき動作をやる人がいる。やらないよりましかもしれないが、これは意味がない。本番でいつものスイングをするためには、「自分のいつも」を普段からつくっておく必要があるのだ。

そして本番では、注意力をはたらかせることだ。たとえば、グリーン上で自分の順番になるまでボーッと立って待っている人が多いが、これは注意力を使っていないから。**注意力をはたらかせれば、カップからボールまでを歩測するくらいの時間は誰でもつくれる。これもルーティンワークの大切な要素である。**

そもそも、構えていよいよ振り上げるというときに、「右にOBがあるよ」といわれて反応しているようではダメだ。ルーティンワークを始めたら、ショットが終わるまではそれに没頭することが大事。そうすることで外的要素に惑わされることなく、自分のスイングをいつでもできるようになる。そのためにも、ルーティンワークを普段の練習から意識したい。スコアアップのためには、スイングづくりの練習よりずっと重要だ。

金谷多一郎プロの上達ヒント!

普段練習でやっているスイングを本番でも行なうため、ルーティンで注意したいのはスイングの「タイミング」です。

ショット前には、スイングのいろいろなチェックポイントが頭に浮かんでくるでしょう。たとえば、直前のショットでスライスが出たときは、「左腰の開きを抑えよう」とか「クラブをインサイドから入れよう」と考えるものです。スイングを立て直すという点ではもちろん大切なチェック事項ですが、ショット直前に細部の動きに意識がいってしまうと、スイングの全体像がおろそかになってしまい、結果的にうまくいかないことが多いので注意してください。

この点、タイミングだけに集中すると、いつものようにスイングしやすいだけでなく、本番で出ていた悪い動きが意識しなくても修正できるというメリットがあります。

タイミングとは、リズムとテンポのこと。有名な「チャー・シュー・メーン」は動きの理にいささか適っていない部分もありますが、それはともかく、ショット前に自分のタイミングを確認することは、いつものスイングをするためには非常に大切なポイントです。

【スイングリズムが早くなってしまうときは】

苦手意識があるほどリズムが早くなる。いつものリズムを素振りで確認しよう

「ドキドキ感」はプラスのエネルギー

ゴルフには、打ち急いでミスすることがある。これはプロでもよくあるそうで、やはり人間は気持ちが先走ったときには、失敗しやすいようにできている。

では、どんなときに打ち急ぐのか？　緊張感などで心臓がドキドキすると、それに引っぱられてスイングもチャッチャと早くなりそうな気がするが、ドキドキ感と打ち急ぎは、実はほとんど関係がない。心拍数が早くなるのは自律神経の問題だから、運動や動きのリズムとは別の話である。

心臓がドキドキするときは、精神状態が不安定だからミスしやすいと思っているゴルファーは多いだろうが、そんなことはない。むしろ、ドキドキしていたほうが、人間は良

いパフォーマンスを発揮する。

たとえば「アドレナリンが出ている」といわれるときは、その精神状態がいつにないエネルギーを生むので、ボールが5ヤードも10ヤードも余計に飛んだりする。

アドレナリンとはそもそも一種の毒物で、体内に分泌されると不安感や違和感が起こってドキドキする。アドレナリンが出ている状態は、実は本来は不快なのだ。だから、アドレナリンに慣れていない人ほど、そのドキドキから逃げようとしてしまう。

反対に慣れている人は、アドレナリンが出ないとやる気が起きない。ゴルフにかぎったことではないが、パフォーマンスを高めるためにはアドレナリンに慣れ、うまく利用することが必要だ。**ドキドキしたときは「よし、このエネルギーでボールを打つぞ」と考えるといいだろう。**

打ち急ぎは苦手からの「逃避反応」

さて、打ち急ぎのおもな原因は「焦り」である。

心理的には、自分にとって不快感のある状況を早くやり過ごしたいという状態になると、動きのリズムが早くなる傾向がある。

たとえば、ギターを弾いているとき、あと5秒先にむずかしい指使いのパートがくると思うと、リズムが早くなりやすい。むずかしい部分を早く済ませたいという心理状態が、焦りを生み、動きに影響するわけだ。これは一種の「逃避反応」である。

こんな実験がある。

あるゴルフ場で、距離やグリーンの形状などがおよそ似ているパー3をふたつ使い、ティグラウンドにビデオカメラを忍ばせてゴルファーのスイングを撮影した。ふたつのパー3の違いは、一方だけグリーン手前に池があることだ。

約100人のデータを取った結果わかったのは、同じゴルファーの2回のティショットを比べてみると、池があるパー3のほうが明らかにスイングのリズムが早いことだった。池に入れたくないという心理が逃避反応を引き起こし、スイングが早くなっていたのだ。苦手意識や恐怖心が打ち急ぎを引き起こし、それが失敗につながってますます苦手になる、という悪循環が起こる。

苦手な状況ではどうすればよいかというと、単純にクラブをゆっくり振るようにしたところであまり効果はないだろう。特別ゆっくりスイングしたら、かえってミスになる。だからいつものリズムを思い出すしかない。

この点でも、ルーティンワークが非常に大切。慣れている自分のリズムに立ち戻り、いつものようにアドレスに入り、ショットすることに徹するのが、打ち急ぎの対処法だ。

金谷多一郎プロの上達ヒント！

「体内リズム」という言葉がありますが、人間のリズムは個々がそれぞれもっているものです。だから、同じリズムにも快・不快、合う・合わないがあります。

しかし、ゴルフスイングの効率の良い動きを考えると、目指すべきリズムは「2拍子」です。これは、歩くときに誰もがやっている「右・左」「イチ・ニ」というリズム。物理的にも運動的にも、ゴルフスイングには2拍子がもっとも理に適っているのです。

同じ2拍子でも、人それぞれ違っていいのは「テンポ」。アマチュアはプロのように早くスイングできませんが、それは筋力や柔軟性が劣るために、もともともっているテンポが遅いからです。このリズムとテンポの違いを正しく理解してください。

プレッシャーがかかった状況でも本来のスイングするためには、リズムは変えずに違うテンポの音楽や言葉をイメージしておくといいでしょう。たとえば、ここいちばん飛ばしたいときは歯切れの良いロック調、デリケートなタッチを出したいときは落ち着いたクラシック調というように。打ち急ぎを防ぐ音楽や言葉が見つかれば心強いですし、本番でうまくいくはずです。

【何も考えずに打つのがいいのか?】

ショットの設計図が動きに結びつくのは7〜8秒の間。「サッと構えて、パッと打つ」のがナイスショットの基本

ショットの設計図はアドレス前につくるもの

ナイスショットを打つためには、ショット前に「設計図」をつくることが必要だ。どこを目標に、どんな球筋を、どんなスイングで打つか……。これらが明確にならなければ、良い結果は期待できない。いつも漠然と打っているだけでは、スコアはなかなか縮まらない。

プロとアマチュアの大きな違いのひとつに、ショットの「歯切れ」がある。スイング自体の鋭さは比べるべくもないが、私がいいたいのは「頭の歯切れ」だ。

ボールを前にして、あーでもないこーでもないと迷うのはアマチュアのほう。散々迷ったあげく、頭の中が整理できないうちにアドレスに入るから、構えてから石のように固

イメージや思考が動きに結びつくのは7～8秒の間。考えがまとまったら、サッと構えて、パット打つのがナイスショットの基本だ

まってしまい、なかなか動けない。あまりのアドレスの長さに、「打ち終わったら電話してね」と皮肉のひとつもいいたくなる人もいるくらいだ。

サッと構えてパッと打ってしまうプロに比べると、判断力、決断力、実行力に差がある。もちろん、経験や慣れの問題もあるが、**ショットに余計な時間をかけないほうがいいのは、プロにもアマチュアにも同じようにいえることだ。**

プロの場合は、だいたいクラブを選ぶ前に設計図づくりを済ませてしまう。だから、ボールに向かってから打つまでが早い。

ところがアマチュアは、クラブを手にボールのところまで近づいてから設計図をつくり始める人が多い。なかには、スタンスをとってからもう一度考え直すのを常としている人もいて、ようやく打つかな、と思ったときにクラブをかえたりする。こんな人とのゴルフは、調子が出ないものだ。

設計図が筋肉を動かしてくれる間に打つ

そもそも、アドレスが長い人は、自分自身が非常に損をしている。長いアドレスは、スイングのパフォーマンスを低下させる原因となるからだ。

人間が頭の中で考えたことが、動作につながるように生き生きとした新鮮さをキープできる時間は、せいぜい7〜8秒だといわれている。この間であれば、設計図が筋肉を動かしてくれる。

ゴミ箱にゴミを放り入れる実験をしてみると、これがよくわかる。

ゴミを放り投げるイメージをつくり、腕を動かして予行演習をしてからすぐに投げる場合と、予行演習のあといったん構えを崩し、しばらく間をおいてからいきなり投げる場合を比べると、前者のほうがゴミ箱に入る確率がはるかに高い。ゴルフスイングもまったく同じで、設計図をつくってから7〜8秒の間に打つのが望ましい。

7〜8秒を過ぎると、頭の中の設計図は消えてしまう。この場合、何もイメージがないまま打つか、さもなければもう一度設計図をつくり直すことになる。実際に、ボールの後方に立ってイメージをつくってから7〜8秒でショットを終わらせてみるといい。想像以上に短い時間に感じる人が多いはずだ。

「絶対、右肩が突っ込まないようにするぞ！」と固く決意しても、スイングの始動までに時間をかけてしまうとこれをすっかり忘れ、打ったあとで「何であれほど注意したのにやってしまったんだろう……」と後悔することになる。あるいは、構えている最中に設計図が消えると「あれ？　何に気をつけるんだっけ？」とわからなくなり、構えたままもう一度思い出そうとするから、アドレスがますます長くなる。アマチュアはこうした悪循環にはまって、自らスイングを崩している。

早打ちのプロは、「長く構えていると雑念が入ってスイングにならない。それが嫌だからすぐに打つんだ」というが、長いアドレスがマイナスに作用することをプロは実感として理解している。じっと構えていると、イメージどおりの動きができないことを知っているのだ。だから、構えに入るまで（設計図をつくっている間）に時間をかけることはあっても、構えてから打つまでは早い。このルーティンのリズムを、アマチュアも見習うべきだろう。

スイングを統括できるチェックポイントをつくる

誤解のないように付け加えておくが、快心のショットを振り返ると、「何も考えずに無心に振っただけ」ということが多い。**だからゴルフは何も考えずに振るのがいいと短絡的に考える人がいるが、これは違う。**

快心のショットのときに無心でいられたのは、設計図が生き生きとしているうちに打つことができたからだ。つまり、**まずはしっかり考え、そのイメージが消えないうちに打つ**

のが、無心にスイングする方法なのである。

では、設計図のチェックポイントの数はいくつまで実行できるかといえば、せいぜいひとつかふたつだろう。人間の注意力のキャパシティを考えれば、すべての動きをイメージしてスイングするなどという芸当はできない。

往年の名選手のベン・ホーガンは、トップの位置だけを注意しておいて振り切るスイングを心がけたそうだが、レベルが高くなればチェックポイントが少なくなるかといえば、一概にそうだとはいえない。調子が良いときは考えることも少なく、不調のときほど考え込むものだが、これはプロもアマチュアも同じだろう。

ただし、アマチュアの場合は、何をすべきかが曖昧《あいまい》なためにチェックポイントが増えてしまい、それがスイングをがんじがらめにする傾向がある。こんなときは、いくつかの要素を統括できるようなポイントをつくっておくといいだろう。

ところで、人間の動きには、大きく3つの要素があるといわれている。ひとつは「フォーム」。トップをどこに上げるか、右ひじの向きをどうするか、という形のことだ。もうひとつは「シークエンス」。これは動きの順序のことで、たとえばダウンスイングは左足の踏み込み、腰の回転、腕の振り下ろしの順に行なうのが良いといわれる。そして3つめが「テンポ」。動き全体のリズムやタイミングの要素である。

この3つの中で、**いくつかの動きのポイントを比較的ひとつにまとめやすいのは、テンポである。**たとえば、「イチ・ニ」というスイングの2拍子に合わせ、始動するときに右足へ体重を乗せる動きで「イチ」とテンポをとる習慣をつけておくと、その後は一連の動きでフィニッシュまで振り切れるものだ。この「右足のイチ」をキーワードに動きのきっかけを意識しておけば、本番でも迷うことがなくなる。

金谷多一郎プロの上達ヒント!

ショット前にスイングのイメージをつくることは非常に大切ですが、いざスイングを始めたら、何も考えないのが理想です。

プロはダウンスイングのわずかなズレを瞬時に修正することがありますが、これは反射的な動きであって、思考による動きではありません。そもそも、切り返しからコンマ数秒の間に、思考を行動に移せるほど人間の反応能力は優れてはいません。

とはいえ、スイングが固まっていないアマチュアの場合は、動きを自動化させるスイングのキーポイントを見つけ、拠り所にするといいでしょう。

ポイントはひとつが理想。「最初の30センチはヘッドを真っすぐ引く」という具体的なものでもいいですし、「コマのように回る」というイメージ的なものでもいいです。これを考えればうまく打てる、というものを実践することが大切です。

【良いショットイメージをつくるには？】

空中に意識をもって球筋を立体的にとらえればイメージが動きに結びつくようになる

球筋を平面的にとらえるのがアマチュアの弱点

プロとアマチュアでは、球筋のイメージが大きく違う。これはショット前に思い描くボールの「飛び姿」の差でもある。

アマチュアの場合は、ショットを「点と点」で考える傾向がある。つまり、ボールがある位置とボールを落としたい目標を、平面的に把握してしまうのだ。

これに対してプロは、弾道の高さ、勢いを立体的にイメージする。たとえるなら、空中のいくつかのポイントにフラーフープのような輪があり、その中を通してボールを目標へ運ぶようなイメージである。トンネルの中を通すような感じかもしれない。いずれにしても、空中に意識をもつことで、ショットのイメージがわき、それがより正確なスイングにつながる。

バスケットボールのシュート、サッカーのロングパスなども、空間の中で球筋をイメージすることで、はじめてうまくいく。単純に残り距離を数字で考えるだけでなく、数字と空中に球筋のイメージをつなぎあわせる作業がナイスショットを生むわけだ。

練習(経験)で「アフォーダンス」の力をつける

認知心理学に「アフォーダンス」という言葉がある。

アフォーダンスとは、「～ができる」「～を与える」などの意味をもつ「afford」という言葉をもとに、あるアメリカの知覚心理学者がつくった造語である。

言葉の意味を説明するとむずかしくなるのでここでは避けるが、身近な例で説明すると、たとえば物が置いてある狭い通路を通るとき、カラダが通れるだけのスペースがあるかどうかを、人間は通路を見るだけでだいたい判断できる。通路の幅をメジャーで測って確認してから通る人はいない。通路のほうから、どのくらいのスペースがあるかという普遍的な情報を人間に与えていて(アフォード)、その情報を自分なりに発見し、獲得することで、このごく自然な行動が行なわれる。

物が発する情報は普遍だから、問題は人間が状況に応じて自分にとって価値のある情報を見つけ、処理することである。

うまいサッカー選手ほど、パスをするとき瞬間的にボールを通すルートが判断できる。カラダが自然に動くのだ。蹴る前に「あそこに通そう」などと計算していたら、あっという間に相手にルートをふさがれてしまうだろう。こんなとき、「ここに通せとパスルートが呼んでいた」ということがあるが、これはまさにアフォーダンスが非常に高いレベルではたらいているケースである。

ゴルフは、アフォーダンスの連続だといっていい。ボールレイアウト、ボールのライ、距離、風など、目の前にあるものからの情報を、いかに発見・獲得するかが結果の良し悪しを決める。

ゴルフでアフォーダンスがうまくできていると、まるでレールが敷かれているかのように打つルートが瞬時に見えてくるものだ。ただし、こうなるためには、情報の発見・獲得の能力が必要となる。

たとえば、林にボールが入ってしまったとき、プロはいくつもの脱出ルートを瞬時に判断できるのに対し、アマチュアは発見できるルート自体が少ない。理由のひとつは、アマチュアがボールの位置から左右を見渡すだけなのに対し、プロは見る角度を変えたり時にはしゃがんで上を見たりして、ボールを抜くスペースを立体的に見つけるからだ。枝と枝の間にトンネルのように抜けるスペースがあることがわかれば、そこを通す球筋がイメージでき、それを実行すべく番手を選び、構え、打つ。そして、実際に狙ったスペースへ打っていける。

では、どうすればアフォーダンスの力は上がるのか?

それには、経験を積み重ねるしかない。狭い通路を通れるか通れないかを判断する力は、日常生活の経験の中で知らず知らずのうちに身についたものである。これと同じように、ゴルフでも即効性のある方法は残念ながらない。

ゴルフの経験といえば、練習である。

本番で空中のイメージをつくれるようになるためには、練習のときからそれを意識することが必要だ。**打ちっ放しでボールを当てる目標や落下地点だけを平面的に考えるのではなく、そこまで空中を飛ぶ過程を1球1球イメージして打つ習慣をつけることが大切なのだ。それがナイスショットの原動力となる。**

ナイスショットだけを記憶すると上達が早い

悪いところを思い出し、反省し、次の練習の糧にするというやり方に、われわれはなじんでいる。けれど、悪い点にこだわるあまり、その悪いイメージが深く染み込んでしまうことも多い。悪い結果を反芻《はんすう》することをやめ、頭もカラダも良いイメージで包み込むほうが、高いパフォーマンスを発揮できるのだ。

こんな試みをしてみるといい。

ラウンドのとき、スコアカードを2枚用意する。1枚は普段どおりにスコアを書き込むが、もう1枚には自分の良かったショットだけを書き入れる。

たとえば、8番アイアンのショットがベタピンについたら、そのホールの欄に「8I」と書き、ロングパットが入ったら「パット12メートル」というように書いていく。ミスや反省点をスコアカードにメモする人はいるが、それとは反対に良い結果だけを記入していくわけだ。

そして、ハーフが終了するか、18ホールを終えたら、ナイスショットがどれだけあったかを確認してみる。ミスばかりが頭に残りがちな人でも、意外とナイスショットがあることを発見するはずだ。

そして、**大切なのは、その場でナイスショットを思い返すことだ。自分の成功を忘れないうちに記憶するためである。**

8番アイアンのベタピンショットを打ったとき、どんな感じにスイングしたか、リズムはどうだったか、打つ前に何を考えたか、ショット前の気分はどうだったか、グリップ、アドレスは……。できるだけ多くのことを思い出し、それをイメージ学習する。とても幸せな気分になれるはずだ。

このイメージ学習法を、最低でも3カ月は実践していただきたい。メンタルトレーニングは一朝一夕に効果を表すものではなく、しばらくの継続が必要だ。**ナイスショットだけを記憶し、悪いショットは忘れることを習慣化していくことで「積極的な自己確認」ができれば、いつも**

金谷多一郎プロの 上達ヒント！

プロはショット前に自分が成功するイメージだけをもちます。これはつねにピンをデッドに狙っているという意味ではなく、安全策をとる場合でもそのショットが思いどおりに成功することを考えるのです。失敗も考えてしまうアマチュアとは大きく違う点です。

成功するイメージがクリアになると、実際に結果もそうなることが多いものです。ナイスショットの前提には、良いイメージがかならずあるのです。次の方法でイメージづくりをしてみるといいでしょう。

●これから行なうショット（狙いや球筋など）を言葉にして同伴者に発表する。成功するイメージを有限実行で結果につなげる
●そのため練習でも1球1球、目標と狙う球筋などを言葉にする
●過去のベストショットをイメージで再現してから打つ
●快心のショットの球筋を普段からしっかり目に焼き付けておく
●成功してガッツポーズをしているところまでをイメージするのも効果がある
●目の前の状況を自分が得意なホール（ホームコースの似たホールなど）に当てはめて自信をもつ

ポジティブにプレーできるようになるはずだ。

【絶対曲げたくないときに考えること】

各番手のフルショットの「パズル」をホールレイアウトにあてはめる

ティショットはドライバー。この固定観念を捨てる

手でボールを投げたいくらい、絶対に曲げたくないことがある。気持ちは痛いほどわかる。けれど、絶対曲げない方法があったら、私のほうが教えていただきたい。どんなショットも曲げたくはないが、いちばん曲げたくないのはドライバーショットだろう。しかもドライバーは、遠くへ飛ばしたい。だから余計に困る。

クラブの中でいちばん飛んで、いちばん曲がるのがドライバーだ。そして、ゴルファーはドライバーが好き。特に日本では、パー3以外のホールをドライバーで打つことが常識化、習慣化しているといってもいいかもしれない。

ゴルファーが悪いといっているのではない。コース側にも問題がある。ドライバーで飛ばすだけ飛ばしておいて、セカンドショットはサンドウェッジで打つゴルフを「ドラサン・ゴルフ」というそうだが、このやり方で良いスコアが出るコースが日本には多い。それが「ティショットはドライバー」「ゴルフがうまい人＝ドライバーが飛ぶ人」という風潮をつくってしまったことも事実だろう。

英国のリンクスコースには、たとえば、ティショットはアイアン、セカンドショットはウッドというように、2打目に長い距離を正確に打つことを要求するホールレイアウトがよくある。ドライバーで届くあたりのフェアウェイはギュッと絞ってあり、少しでも曲がるとボールはブッシュの中に消えてしまう。だからその手前をアイアンで狙うのが安全なのだが、そのかわり、グリーンまわりは広くつくってあって、ウッドのセカンドショットが打ちやすくなっている。

ゴルファーもコース設計者の意図を知っているから、ティショットをアイアンで打つことを当然と考えているし、こうした特徴的なレイアウトでないホールでも、状況や作戦、自分の調子いかんでティショットをドライバー以外のクラブで打つことに抵抗がない。

もちろん、ドライバーを飛ばすことは、ゴルフの楽しみの中でも最上位にランクされる。

でも、「ティショットはドライバー」という固定観念を捨てることで、ボールを曲げる苦痛がやわらぎ、プレーの幅が広がり、さらにスコアが良くなるのなら、一度真剣に考えるべきだと思う。

加減したショットほど曲がりやすい

もうひとつ、アマチュアが陥りやすいのは、曲げたくないときほど安全にいきすぎて、かえって失敗することだ。

いちばんミスが多いのは、ボールを置きにいこうとして、いつもの6〜7割の力でスイングしてしまうときだろう。目いっぱいの力でフルスイングするのと、力をセーブしてコントロールスイングをするのとでは、どちらが曲がりにくいかといえば、まちがいなく前者である。

人間のカラダは、力を加減したときほど正確な動きがしにくいつくりになっている。全身の筋肉に100%で動けと命令すればシンプルに動いてくれるが、半分は動いて半分は休んでいろという命令では、筋肉のほうがパニックに陥ってしまうのだ。力を加減するほど、動き自体が複雑になり、反復性も乏しくなる。

「飛距離を落として打つ＝曲がり幅が小さくなる」と思っているアマチュアはたくさんいるが、事実はまったく反対。あなたのピッチングウエッジのフルショットが100ヤードだとしたら、100ヤードをピッチングで打つのと8番アイアンで打つのと、どちらがショットのブレが少ないか試してみるといい。

ドライバーをやめてせっかくアイアンを持ったのに曲がってしまった！　というのも、アイアンを安全に打とうとして（あるいは安易に打ってしまって）、フルスイングの動きがおろそかになってしまったときだ。アイアンで大スライスするくらいなら、ドライバーで打っておけばよかった、とあとで考えるのは逆恨み。安全なクラブを持ったまではいいが、それにさらに保険をかけてしまったあなたが悪いのだ。

このことを考えると、**コース攻略はフルショットの「パズル」で組み立てていくのが、いちばんシンプルで確率が高いことがわかる。下手な小細工をするほど、ゴルフはむずかしくなる。**

ティショットはドライバーにこだわらずに……といったが、もしドライバーが絶好調だったら、曲げたくないティショットはドライバーで思い切り振るのが案外いちばん安全なのかもしれない。このあたりは臨機応変に対応したい。

金谷多一郎プロの上達ヒント！

ショットを曲げたくないと思うと、アマチュアは真っすぐ飛ばすことをストイックに追い求めがちに感じます。しかし、プロでさえまったく曲がらない球筋をいつも打っているわけではありません。ショットは曲がって当然で、真っすぐいかないもの。そう思うことが、本番でミスを少なくするための基本的な発想です。

曲がる（ブレる）ことを前提にすれば、番手ごとに自分のショットがどのくらいブレるかを知っておくことが大切です。ブレの範囲をホールレイアウトにあてはめて、ブレても危険エリアに行かないという前提のショットなら、仮にミスショットで球筋は曲がったとしても、結果としてショットは成功したことになるわけです。これが曲がらないショットの考え方です。

自分のショットのブレを知るためには、番手ごとにフルショットをしたときの「サーチライト」をつくるのがいいでしょう。各番手の飛距離のブレ、左右のブレはそれぞれ何ヤードか……。バラつきのエリアを照らすサーチライトを確認し、コースではそれをあてはめて攻め方を考えるのです。

たとえば、ティーショットで自分のドライバーのサーチライトがＯＢや池などの危険ゾーンをたくさん照らし出したら、そのホールではドライバーを使わないほうが賢明。では３番ウッドのサーチライトはどうか……。このように各番手のブレ幅が頭に入っていれば、どの番手でどこを狙って打てばいいかが自ずと見えてきます。

普段の練習では、サーチライトのエリアを確認するとともに、それを狭くしていくことがテーマとなります。そして、ラウンド前の朝の練習では、その日のサーチライトをチェック。朝の占いですね。くり返しますが、サーチライトの基準はあくまでもフルショットであることをお忘れなく。

第3章

思考のラウンド術
メンタル編

【「プレッシャー」に強くなる】

「絶対にうまく打つ」と思い込むのは逆効果。「私は打つ」とシンプルに考えてみる

「I《アイ》 must《マスト》」ではなく「I《アイ》 do《ドウ》」を考えてみる

人間のメンタルは、大きくふたつに分けられる。

ひとつは「認知」。状況判断や思考、意思決定などのことだ。もうひとつは「感情」。不安やイライラなどはこちらである。

ゴルフではしばしばあることだが、プレッシャーを感じると、認知力が落ち、感情が揺らぐ。自己認識がうまくできなくなり、悲観的になったり不安になったりする。

恐怖心がプレッシャーになることもある。たとえば、ものすごく速い下りのラインのパットで、「打ちすぎたら怖い」と感じるときなど。恐怖心は誰にでも絶対ある、いわば仕方がないもので、感じないようにしようと思ってもできるものではない。

プレッシャーも同じ。したがって、無理にプレッシャーを打ち消すことを考えるより、

別のやり方で取り除くのが効果的だ。

心理療法に「対抗する言葉を心の中でつぶやく」というのがある。

「このティショットはスライスするかもしれない」とプレッシャーを感じたときは、それを消し去ろうとがんばるのではなく、「この前は真っすぐ打てた」と、プラスになる言葉を考えて、つぶやくのだ。

これはカウンセラーがよく使う手法で、たとえば大学受験で滑り止めにしか合格しなかった学生が、「こんな大学にしか入れなかった……」と自分を卑下《ひげ》していたら、「世界中の18歳の人間を考えてごらん。滑り止めとはいえ大学に合格するなんて、あなたはすごく頭がいいのですよ」といってあげるのと同じ療法だ。ゴルフ場にカウンセラーはいないから、自分で自分をカウンセリングして、気持ちを前向きにしてみるといい。

もうひとつ、自分がこれからやろうとすることを、言葉にして心の中でつぶやくこともプレッシャーを打ち消す方法のひとつである。

有効な言葉は、「私は（ボールを）打つ」「クロスバンカーの左へ打つ」など。単純な行動を言葉にすることで、プレッシャーを感じなくなり、良い動きが引き出されるようになる。

このとき、「絶対真っすぐ飛ばす」「バンカーに入れてはいけない」など、自分に命令する言葉は禁物。英語でいえば「I must」はダメ。「I do」にあたる言葉をつぶやくことがポイントだ。「あそこに打つぞ」も少し強い言い方で、もっと単純に「私はあそこに打つ」と考えてみよう。

単純な思考を動きに結びつけることに集中すると、感情を消すことができる。これがプレッシャーを感じなくなるコツのひとつ。しかも、単純なことに意識をもっていくことで、これから自分がやることへの認知がはっきりしてくるので、良いパフォーマンスが引き出されるのだ。

打つ前に息を大きく吐く。スイング中も呼吸を止めない

プレッシャーを感じるとカラダが思うように動かなくなることは、百戦錬磨のプロといえどもある。こんなときプロは、リズム良くプレーすることを心がけるそうだ。特に動きの流れに注意するらしい。

動きを円滑にするために役立つのが「呼吸」である。

呼吸とカラダの動きの関係をみると、呼吸がなめらかなときはカラダもわりになめらかに動く。息を止めたまま動くと力が入るような気がするが、そのほうがかえって動きはブレやすい。

息を吐くと、力が抜ける。逆に息を吸うと、力がたまっていく。よって、次のような呼吸を意識してみるといい。

ショットやパットの前には、まず一回大きく息を吐く。そして構えたら、息を吸いながらテークバックを行なう。このとき、カラダの中にゆっくり、自然に空気が入っていくように呼吸してみる。次に息を吐きながらクラブを下ろして打つ。これが良い呼吸のタイミングである。イチロー選手のインパクトの瞬間の写真は、口を大きく膨らませている。息を吐いているのだ。

よくあるまちがいは、力を入れたいあまり息を止めてダウンスイングをすることだ。これでは、クラブが蛇行しやすい。息を吐くことで、カラダの突っかかりがとれ、スムーズなストロークができるようになる。

普段から呼吸リズムを意識して練習し、習慣化できれば、プレッシャーもだいぶ減るはずだ。

ある女子プロから聞いた話だが、彼女は無意識のうちにいつも口を開けてプレーしていたそうだ。あるとき「口を開けていると見た目が悪い」と注意され、それで口を閉じて試合をしたら、調子が悪くなったそうである。これは呼吸の大切さを示す例だ。

プレッシャーを感じたときに呼吸のことを考えれば、意識がプレッシャーから離れる効果もある。カラダに空気が通わなくなるのが、いちばんまずい状態。大きく呼吸しなくても、最低限、息を止めないようにすることが大事だ。

両肩を緊張させてから一気に力を抜くとリラックスできる

カラダをリラックスさせる簡単な体操を紹介しよう。

アマチュアは、疲れてくるとアドレスの姿勢がどんどん悪くなる傾向がある。だんだん前かがみになって、小さな構えになってしまうのだが、実は緊張したときにも同じ傾向が出る。

こんなとき、悪い姿勢を直すと同時に、筋肉をリラックスさせてカラダをやわらかく動くようにする体操がある。この体操には、気持ちを落ち着かせるという効果もある。

やり方は簡単。次の要領でやっていただきたい。

①背すじを伸ばして、姿勢を正して立つ

②左右の肩甲骨をくっつけるように、背骨に向かってギューーッと近づける。背中が熱くなるくらい緊張させる

③その状態のまま、両肩を耳に近づけるように上げる
④肩を上げて緊張させたら、今度は一気に肩の力を抜いて、肩をストンと落とす
⑤これを2～3回くり返す

この体操をしたら、すぐにアドレスをとる。すると、スッとアドレスに入れて、意識しなくても背すじが伸びた大きな構えになる。バランスも力の入り具合もとても良い感じで構えられるので、スイングに対する不安もなくなるだろう。

プレッシャーを感じたときはもちろんだが、朝や昼食後のスタート前、カラダがかたく感じたときにも、この体操をぜひやってみるといい。

金谷多一郎プロの 上達ヒント!

リリーフ投手として有名なプロ野球選手（ゴルフはシングルの腕前）とゴルフをしたときのこと。彼は、ショットやパットの前に、かならず息を一回吐くのです。それも、まわりに聞こえるくらい大きい音で。パットが非常にうまく、ストローク中にも呼吸をしている音が聞こえてきました。

聞いてみると、いつも大きなプレッシャーがかかるリリーフの場面では、いかに自分のピッチングをするかが非常に大切で、その方法のひとつとして、呼吸を意識的に行なうトレーニングを日ごろからしているそうです。

私自身も試してみましたが、ショットやパットの前に意識的に大きな呼吸をすると、それだけで余計な緊張感がやわらぐようになります。アマチュアの場合なら、呼吸だけでスコアが縮まるといってもいいほど効果があると思います。日常生活で呼吸を意識することはあまりないかもしれませんが、まずは歩いているときの呼吸を意識してみましょう。スイングと同じ2拍子のリズムで歩き、それに合わせて呼吸する。右足を踏み出すのに合わせて「イチ」で吸い込み、左足を出すときに「ニ」で吐き出すリズムをつくってみましょう。

アドレスの前には大きく深呼吸します。ゆっくり、大きく息を吸い込んだら、それを全部吐き出す。このとき、ショットが成功するイメージを吸い込み、反対に失敗のイメージや不安を吐き出すと集中力が高まってきます。

呼吸に合わせて意識したいのが、心拍数です。

緊張したときは、マン振りの素振りをくり返し、心拍数を一度上げることがポイント。はぁはぁぜぃぜぃの状態にしてから心拍数を落ち着かせていくと、肩から力がスッと抜けるのがわかるはずです。

実は呼吸と心拍数は密接につながっていて、慣れてくると呼吸の強弱やスピードで心拍数をコントロールできるようになります。ここいちばん飛ばしたいときは、強く短い呼吸をして心拍数をやや高くしたほうがカラダがよく動き、反対に下りのデリケートなパットのときは、ゆっくり静かな呼吸によって心拍数を下げ、カラダを落ち着けるとうまく打てるようになります。

プレッシャーをやわらげるもうひとつの方法は、スイングのテンポを意識することです。自分の心地良いテンポに合わせた合言葉や音を、ショット前につぶやいてみましょう。「イチ・ニ」でも「ブーン、ブン」でもOK。テンポに意識をもっていくことで、スイングに集中できるようになります。

【「集中力」を失わない方法】

集中力をキープするためには「スタミナ」と「事前チェック」が大切

人間の集中力にはキャパシティがある

プレーに集中できているときは、周囲のことがあまり気にならないものである。そんなときは、調子が良く、スコアも良いはずだ。

集中力の中身は、心理学では「注意力」と考えられている。

たとえばパッティングなら、自分のボールやラインがしっかり見えていて、「カップ右のあの1本の芝からスコッと入る」というような非常に具体的なイメージができるときは、注意力が高く、たいてい良い結果を得られる。

知っておきたいのは、注意力には個々の持ち分、いいかえれば、キャパシティ（容量）があることだ。これは、人間が一定時間内に使える集中のキャパはかぎられている、という考え方に基づいている。

キャパの100%を1打のパットに使えていれば、打ったあとで「ラインがわからないうちに打ってしまった」ということは起こらない。

良い集中状態のときは、たとえ心臓がドキドキしていても、カラダは緊張していない。集中できているからこそ、かえって動きは乱れない。

集中していると、視界に入る物がデフォルメされて見えることもある。たとえば、カップがバケツのように大きく見えるとか。パフォーマンスにとっては、非常にプラスに作用する状態である。

反対に「このパットが入ればベストスコアだ」「木の陰が気になるなあ」と考えてしまうときなど、これから行なおうとする動作以外の目先のことに注意が奪われていると、集中力は分散してしまう。そのため、ボールを打つことに向く注意力のキャパが減り、うっかりミスが起こりやすくなる。

集中力維持のためにスタミナを蓄える

注意力のはたらかせ方には、大きくふたつある。

ひとつは外部からの刺激によって注意力が高まる場合。たとえば、林の中で目の前に突然へビが現れたら、意識を全部へビに奪われて、へビしか見えなくなる。これはたしかに集中した状態だが、外部からの入力によって引き出されるこの反応は他力本願であるし、ゴルフのパフォーマンスを高める要因とはなりにくい。

もうひとつの大切な方法は、自分が主体になって注意力をはたらかせることだ。原則的に集中は自分からつくらないと生まれないもので、一流のアスリートはこれができる。

もともと注意力が高く、仕事や勉強を集中してできる人なら、ゴルフの環境を数多く経験することで自然にプレーに集中できるようになる。このタイプの人は、もともと100もっている注意のエネルギーを「ここぞ!」というときに110、120と増やすことを普段からしているので、場慣れさえすれば問題ない。

反対に、普段から集中が苦手な人は、いきなり集中しようとしてもうまくできるものではない。こちらのタイプは、自分がもっている注意の分量をうまく使うことを考えてみるといい。

実は、注意力の持続は、かなりの部分が体力に支えられている。

たとえば、真夏のゴルフでは、最後の数ホールは「もう、どうでもいいや」という状態になりやすいが、これは気力ではなく体力のキャパが少なくなることがおもな要因である。肉体の疲労によって注意力が損なわれるため、イージーミスをしたり、突如としてとんでもなく距離感が合わなかったり、ということが起こるわけだ。

ここでいう体力とは、筋力とか柔軟性ではなく、いわゆるスタミナのことである。陸上競技に例えれば、長距離を走る持久力ではなく、中距離ランナーがもっているようなある程度スピードをもった持久力がスタミナだ。これがあれば、ゴルフでも注意力が長続きする。カラダにスタミナを蓄えれば、注意力がいつも生き生きしてくるはずだ。

スタミナをつけるには、インターバル・トレーニングが効果的だ。日ごろ走る習慣のある人なら、長い距離を同じペースで走るだけでなく、途中にダッシュを入れてみるといいだろう。

集中状態に入れる「スイッチ」をつくる

18ホールの長丁場の中では、つねに集中力を維持することはむずかしい。だから、集中とリラックスとのメリハリをつけることを考えたい。

特にここ一番気合いを入れて打ちたいときや、周囲の雑音を消したいときなどは、「区切り」「踏ん切り」をつけることが大切だ。

あるトップアマは非常におしゃべり好きで有名で、ティグラウンドでも歩きながらでも、とにかく口が休まる暇がない。ところが、自分のショットの順番がくると、途端に周囲を寄せつけない空気を発し、集中する。まるでひとりだけ電話ボックスのような透明な箱の中に入ってしまったかのように。そして、ショットが終わると、またおしゃべりが始まる。

このゴルファーの場合は、集中状態に入るための「切り替えスイッチ」が、長年の経験の中でカラダに埋め込まれているのだろう。メリハリの付け方は見事である。

たとえば、咳払いをする、「よし」「打つぞ」などの言葉を口に出す、ボールの後ろに立ってポンと足を叩く、ハッと息を吐くなどなんでもいい。**動作の遂行に気持ちを向けるためのスイッチをつくり、ルーティンワークのひとつとして習慣化してみよう。区切りをつけることで、集中力が高まるはずだ。**それができたら、あとは一球入魂で打つのみである。

金谷多一郎プロの上達ヒント！

集中が極限状態になっているとき「ゾーンに入った」といわれます。プロの世界ではよく聞く話ですが、アマチュアでも同伴プレーヤー、天候を含めた環境、コースコンディションなどが整えば、ゾーンに入ることは可能です。

ただし、入ろうと思っても入れない点が問題。そこで、集中しやすい環境を自分で整えることが大切となります。方法としては、ルーティンやテンポを忠実に守ることがポイント。これができれば、自分の世界に入りやすくなります。

【「怒り」との付き合い方】

怒りを溜め込んではいけない。すぐに吐き出し、すぐに忘れることが大切

怒りはゴルフの大敵

ゴルフでは「平常心」が大事だといわれる。

この言葉は「いつもと同じ気持ち」を意味すると同時に、「プレー中にぐらつかない気持ち」のことも意味している。そして、平常心を揺るがす感情のひとつが「怒り」である。

ゴルフには、いろいろな怒りがある。ナイスショットだったたのに距離をまちがえていた、何度やっても同じミスをしてしまう……。こんなときの怒りは、自分自身に向けられる。ふがいなさ、情けなさから、クラブを地面に叩きつけたい気持ちになる。ゴルフの怒りでは、これがいちばん多い。

バンカーの足跡の中にボールが入っていた、グリーンがスパイクを引きずった跡でデコボコだった……。こんな状況では、不始末の先行プレーヤーが怒りの対象になる。マナー

の悪い同伴者や、仕事を怠けているキャディに怒りを感じることもある。コース整備の不備も怒りに火をつける要因だ。このように、ゴルフは怒りを喚起する状況が多く、その時間も十分にある。

では、怒りはどのような悪影響を与えるのだろうか？

ひとつは、怒りが注意を散漫にさせることである。怒りの状況を心の中で反芻《はんすう》することによって、プレーに向けられるべき注意が失われてしまう。怒りが頂点に達しているときは、注意力のキャパの多くを怒りに使ってしまうのだ。

もうひとつは、怒りによる興奮と緊張の増大である。この変化は、直接的に運動機能に悪影響を与える。興奮と緊張によって、スムーズなスイングが妨げられるのだ。

怒りに踏ん切りをつける儀式をつくる

怒りの中でも自分自身に対するものは、期待や向上心の裏返しでもある。だから、怒るのはごく普通のことだともいえるし、そのすべてが悪いわけではない。

問題は、怒りを誘発する状況に直面したとき、どのようにそれに対処するかである。

いちばん悪いのは、怒りが怒りを生み出すパターン。感情のブレーキが効かずに頭の中が怒りで満ち溢れて、何がなんだかわからなくなってしまう状態だ。特に若いうちはこれが多い。怒りっぽい性格の人も、これで損をする。

心が大人になると、怒りを自制することができるようになってきて、些細なことでは怒らなくなる。そのため「怒らない＝人格者」という図式が一般にはあるが、実はゴルフでこれを目指さないほうがいい。

怒りとうまく付き合う前提は、怒りを抑え込まないことである。特に自分の内面に対する怒りを何事もなかったのに抑えつけると、それが蓄積していって最後には疲れてダメになってしまうのだ。

デビュー当時のタイガー・ウッズは、若さも手伝って、怒りから自滅するケースが多かった。それを克服するために、ウッズはある〝儀式〟を盗り入れた。有名な「10秒ルール」である。怒ったときは、かならず10秒の間にそれを忘れる。このルーティンが機能し始めてから、群を抜く強さを見せつけるようになった。

この「10秒ルール」の大切なところは、怒りを10秒で忘れるという点にあると思いがちだが、実はそうではない。10秒間は怒っていい、という考え方がポイントである。怒りを抑えこまず、ガッと怒る。だから、パッと忘れられる。怒ることでその悪影響を長引かせないことが大切なのだ。

怒りが込み上げてきたら、一度それを出してみよう。ただし、怒りの表現は反社会的なものになることもあるから、派手な振る舞いはよくない。バンカーの足跡の中にボールが入っていたら「このバカ者め！」とつぶやく。不心得者をなぐる身振りを小さくやってみるのもいい。自分に怒ったときは、カラダのどこかをバシッと叩く。クラブを叩きつけるのはダメだが、何らかの形で表へ怒りを吐き出すことが大事だ。

そして、すぐに怒りを忘れるようにする。ウッズは5歩歩くうちに忘れるルーティンを実行している。この「忘れる」という儀式もセットにすることがポイントで、「これもゲームのうちだ」「いまのはアンラッキー。でもラッキーはいつか来る」というような、怒りの感情を消去する自分への語りかけを行なう。怒りを表出するのと同時に、それを終わらせるのが怒りのコントロール法である。怒りを抑圧し、まったく怒りの感情をもたないかのように振る舞うのは、かえって精神的エネルギーを消耗させるだけだ。

もうひとつの方法は、リラクセーションである。

リラックスしたカラダには、怒りは留まっていられない。深呼吸や先に紹介したリラックス体操には、怒りを静める効果がある。意外と効くので、ぜひ試していただきたい。

「悟りの境地」は東洋的な解決法

もっと人間ができていて「すべてを自分のこととして受け入れる」という境地になると、怒りの悪影響を受けなくなる。ただし、これはかなりハイレベルだから、われわれにはむずかしいかもしれない。

米国でのツアー生活から日本へ戻った尾崎直道プロが、日本のある試合で3年ぶりの優勝をはたしたとき、「何があっても俺のゴルフなんだ」という心境でプレーしていたという。青木功プロはミスや不運があっても、「しゃーんめ」で気持ちを切り替える。

彼らの「悟りの境地」のような心の持ち方は、東洋的である。ふたりとも海外に長く身をおいたからこそ、こうした心境が目覚めたのかもし

金谷多一郎プロの上達ヒント!

アマチュアの怒りは、多分に自分の力を買いかぶりすぎていることが原因ではないかと思います。

たとえば、イメージとはかけ離れた凡ミスをしたことに対して怒ることがよくありますが、そのイメージがまぐれで1度しか打ったことがないようなスーパーショットであることが多いのです。つねにベストスコア更新を目指すから、平均より良い日でも「今日は最悪」と考えてしまう。理想を求めるのは結構ですが、それが現実と離れすぎていることが怒りを導いているのなら、こんなに意味のない話はありません。

もしプロが同じ心境で試合に出たら、あまりにも怒りが多すぎてゴルフにならず、途中で家に帰ってしまうでしょう。

怒りでクラブを投げつけるのは最低の行為。怒りは抑え込まずにほほをたたくなどして吐き出し、そしてすぐに忘れることが大切

れない。

怒りを表出する行為は、西洋人のほうが得意だろう。テニス選手が審判に食って掛かるのは、半分以上がジェスチャーだ。文句をいうことで怒りを吐き出し、ケロッと忘れる。踏ん切りのつけ方がうまいのだ。日本人はなかなかうまくできないかもしれないが、**抑え込むほうがよっぽどよくないのは事実である。**

【ラウンド中「スコア」は意識すべきか?】

うまくなりたいなら徹底的にスコアにこだわれ!

ギャンブラーはスコアがいい

360ヤード・パー4。第1打は240ヤード飛んだとする。残り120ヤードの第2打は、グリーンの横5ヤードに外れた。

このとき、ゴルファーはタイプによって違う考え方をする。

●ギャンブラー「まあまあ、よしよし」

●スポーツマン「ツーオンできずに残念。せっかくドライバーがよかったのに」

そして、アプローチでの考え方も違ってくる。

●ギャンブラー「よし、ここからチップインだ」

●スポーツマン「最低ワンパット圏内、できればOKに寄せよう」

ギャンブラータイプはボギーの危険を冒しながらもバーディを狙う。そのときの目つき、集中力は、スポーツマンタイプには見られないものである。一方のスポーツマンタイプは、グリーンを外したことでパーでまとめようとする。

ギャンブラーは「結果よければ、すべてよし」という考え方をする。一方、スポーツマンは「結果に至るまでの美学」をもっている。理想はナイスショットの連続によるグッドスコアで、それを自分の技量と努力によって成されなければならないと考える。

マージャンでいうと、ギャンブラーは適当に「ないて」上がることを考え、リーチするとたまに裏ドラを3枚もつけたりする。スポーツマンは「メン・タン・ピン・三色・ツモ」で上がろうと考える。

ギャンブラーの考えは「幸運に味方された良い結果」であり、幸運は「度胸」によって呼び込めるというものである。幸運の神は「女神」だから、人間の女性と同様、こちらがじっとしていても微笑んではくれない。チョッカイを出さなければ女神は味方してくれない、とギャンブラーは考えるのかもしれない。

ギャンブラータイプのゴルファーは、大失敗もする。けれど、その失敗から多くのことを学ぶ。そして大化けして、一段も二段もステップアップしていくことが多い。

われわれにできることは、このタイプとはニギらないことである。

ボギーがほしいときにボギーが獲れるのが真の上達

レッスン書には、たいていい「スコアのことは考えずに、目の前の一打に集中しろ」と書かれている。これは注意力を分散させずにショットを成功させるための方法としては正しいと思うが、少々疑問も残る。

プロの中でも特にギャンブラータイプは、スコアを計算高く考えているから勝負強いのではないかと思う。絶対にボギーを叩きたくないというホールでは、どんなプロでも最初からパーを狙ってマネジメントしていくだろう。

かつてハーフ50を切るのが目標だったころ、私は「5ホールはボギー、4ホールはダボでいい」ということを強烈に意識してプレーした。

ダボが先行してしまい、ここは絶対にボギーがほしいというホールでは、パー4ならなんとかスリーオン・ツーパットで収まるよう、パットが打ちやすい狙い場所はどこかを必死に考えたし、180ヤードもある長いパー3だったら、グリーンに届かないことを承知のうえで手前の花道を狙ってティッショトを打った（長いパー3はたいていグリーン手前が広くつくってある）。

こうしてスコアを意識してプレーしたら、コンスタントに50を切る感覚がわりと早いうちに身について、あっという間にボギーペースでまわれるようになった。そしてこの経験は、もっと上達してからも役に立った。自分にプレッシャーをかけながら工夫することで、ゲーム運びのようなものが少しはできるようになったのだと思う。

うまくなりたいなら、徹底的にスコアにこだわれ！ これが私の意見だ。なぜなら、スコアを意識したほうが、ゴルフが賢くなると思うからだ。

パー3で最初からグリーンを狙わないなんて「ズル賢い」といわれるかもしれないが、ゴルフは自分のできることをコースにあてはめていくゲームなのだから、特に上達の過程では自分の力を見極めながらプレーを判断していくことは、とても大切なことだと思う。

180ヤードを正確にきちんと飛ばせるようになったら、グリーンを狙っていけばいいのだ。

目の前の一打のことだけ考えろ、といっているプロだって、踏ん張りどころや優勝争いの場面では、スコアを意識してプレーするという。あるプロに聞いた話だが、強いプロは練習ラウンドで「寄せワン」の練習をきっちりしておくらしい。ここは絶対パーがほしいというときに、パーが獲れないと困るからだそうだ。

ただしアマチュアの場合、スコアを意識するといっても、背伸びのしすぎは逆効果だ。理想が高すぎると達成度も低いから、「自分はやっぱりダメなんだ」という敗北感が継続して残ってしまうのがその理由。**ハーフ50が切れたら、次はトータルで100切りを目指す。それができたら、ハーフ45、続いてトータル90というように、目標設定を少しずつ上げていくことが肝心である。**

【「緊張」でカラダが動かなくなったら】

パットやショットで手が動かなくなったら「この感じならうまくいく」という成功体験を引き出す

イップスはベテランがかかる症状

パットのときに手が動かなくなる「イップス」になって、表舞台から消えていったプロは数多い。よく、イップスはメンタルトレーニングで克服できるのか? と聞かれるが、残念ながらはっきりしたことはいえない。

イップスには大きくふたつの原因がある。

ひとつは神経系統の生理的な障害で、動きのなめらかさがなくなること。これは医学の世界でないとなおらない。

もうひとつは精神的な部分で、無意識の葛藤などがブレーキとなって、自分をきちんとコントロールできなくなること。実はこれも簡単にはなおらない。プロの例をみても、いままで完治した人がいないことがその証拠だ。

イップスとは、経験豊富な選手を襲う慢性の緊張である。この症状は、ゴルフだけでなくほかの職業にも見られる。

事務職のベテランを襲う「書痙《しょけい》」という症状は、字が書けなくなってしまう神経症である。裁縫でハサミを動かせなくなる「テーラーズ・クランプス」は、ベテランがかかる病気で、初心者には起こらない。

ゴルフの場合も、月イチゴルファーがパッティングで緊張するからといって、即イップスだと恐れるのは無用だ。一流プロのイップスは回復困難だが、アマチュアの場合は一過性のシビレで、単なる不調か、パットが下手なことが原因だ。

「いや、オレのはイップスだ」と言い張るのは否定しない。もし、あなたがゴルフ歴が長く、ショット巧者で、しかもゴルフへの取り組み方がとてもまじめで、求道的な性格だとしたら、イップスにかかる心配がある。この場合、もしイップスになったら、悩みと名誉を抱えてゴルフ人生を過ごしていくしかないだろう。

まじめ人間がイップスになりやすいわけ

人間のタイプで分けると、何事もある程度アバウトの人ほど、イップスにはなりにくい傾向がある。反対に、**まじめで、理屈っぽく、理論で解決したい人ほど、イップスになりやすい。**

スポーツで人間が動作をしているときは、理屈、分析、状況判断をする左脳が休んだ状態になっている。そのため、感覚をつかさどる右脳のはたらきが前面に出てくる。つまり理想的には、どう打ちたいかをカラダが無意識に感じ、何も考えなくてもそれを実行できる状態にもっていければ、イップスの症状は出ない。でも、これはなかなかむずかしい。

イップス克服に失敗したプロの手記や対談を読んでも、ほとんどの場合「努力すれば克服できる」と考えていたようだ。まじめ人間だからである。

また、イップスの症状というものは、練習グリーンでは気配すら見せなくても、本番になると途端に出るものだ。さまざまなプレッシャーによって、「また出るんじゃないか？」という恐怖心が生まれるからだ。

心理学者のユングの提唱した性格類型のなかに、「思考型」と「感覚型」という分類がある。ゴルフにあてはめれば、理論的に考えてスイングするか、直感を信じてスイングするかの違いだ。

たとえば、アイアンショットは理詰めで考えてスイングを洗練させていくことができる。というより、そうでなければならない。けれど、パッティングはそうでもない。「パットに型なし」といわれるように、多分に感覚を頼りに打たなければならない。

人間には、自分の成功、失敗の原因をどこに求めるかについて、いくつかのパターンがあり、たいてい「能力」「努力」「環境」「運・不運」のどれかに原因を帰属させる。

すべてを努力に帰属させることは、進歩の過程では大切だが、イップス克服のような状況では、かえって自分にプレッシャーをかけすぎて、マイナス要因になることが多くなる。むしろ、「パターが悪いんだ」と環境のせいにしたり、「しかたない」と運・不運に帰属させるほうがいい。**個人の努力ですべてを背負い込むことが不可能なのがゴルフ。そう考えるのが、正しく、賢く、自分の身のためだと思う。**

パット上手な人とのラウンドはイップス克服のチャンス

では、イップスは絶対になおらないのかといえば、そうではない。完治するかどうかは別としても、症状を軽くするきっかけやヒントになることはある。

私のゴルフ仲間に、イップスにかかって80を切れなくなった片手シングルの友人がいる。彼と、そしてパットが非常にうまいAプロと3人でゴルフをしたときの出来事だ。最初のうち、友人はいつものようにグリーン上で大ショートや大オーバーを連発。ところが途中から、急に距離感が合い始め、おもしろいように入るようになった。

プレー後に尋ねると、「Aプロになりきって打つようにしたら、突然入るようになった」という。パットを打つとき、自分をAプロの中に入り込ませ、頭の中ではAプロの姿を借りながら「プロのように、プロのように」と思ってやってみたところ、途端にイップスの症状が出なくなったらしい。

おそらく、パットが上手なAプロの雰囲気、ボールに向かうまでの間合い、ストロークのリズムやタイミングをまねたことで、スムーズに動けるようになったのだろう。

友人はもともとパットが得意だったが、イップスになってからは、「こう打てば入る」というイメージがなくなっていたようだ。けれど、自分をプロに投影することで、調子が良かったときのフィーリングを思い出すモデルを見つけることができた。これは自分の中にある成功体験を引き出してパフォーマンスを上げた例である。

もともとパットがうまかった、という前提があっての話だが、昔のフィーリングを思い出そうといくらがんばっても、忘れてしまったものを取り戻すのはむずかしい。それより、お手本となるモデルを見つけて力量感やリズム感をまねするほうが簡単だし、それによって良かったときの自分に戻るきっかけをつくることができる。「そうそう、こういう感じなんだよね」という空気を、うまい人からちょっと拝借するわけだ。そして、一度成功体験を引き出せると、次からはお手本がなくても自分の感覚の中で処理できるようになる。無意識の世界に押し込められていた感覚ややり方が、活性化されるからだ。

成功体験は、環境を変えることで引き出すこともできる。調子が良かったときのクラブを使う、良いスコアが出たコースでラウンドしてみるなど。忘れていた感覚が蘇る可能性はある。

金谷多一郎プロの上達ヒント！

パッティングのイップスは「悪魔の病気」ともいわれる、とても恐ろしい症状です。病魔に侵されたプロは、パターをかえ、握り方をかえ、ありとあらゆる手段を講じますが、なかなか決め手がありません。練習ではまったく問題なくても、試合の肝心な場面で出てしまうからやっかいなのです。

克服法の考え方としては、まず自分の感覚を一度捨て、違和感があっても新しいものを取り入れることです。いままでの感覚にこだわっていると、この病からはなかなか抜け出せないからです。本番では次のことを意識してみましょう。怖がらず、焦らず、欲張らないことが大切です。

●打つ前にリハーサルの素振りをしっかり行ない、素振りどおりに打つことに集中する

●カラダの各部位の筋肉の伸縮を意識する。手先ではなくカラダ全体で打つイメージをつくる

●グリップに余分な力を入れない。むしろゆるゆるに握るくらいのほうが手が動く

●構えてから絶対に静止しない。構え手から打つまでを一連の動きの流れで行なう

第4章

思考のラウンド術
セルフマネジメント編

【ラウンド前夜、緊張して眠れないときはどうする?】

緊張感をおおいに楽しむべし。睡眠不足でも人間の能力は落ちない

眠れない緊張感もゴルフの楽しみのひとつ

もういい年だというのに、ゴルフの前の晩はなかなか眠れない。目覚まし時計をかけておいても、その何時間も前に起きてしまう……。こんな人は少なくないだろう。

プレーのことを考えれば、前の晩は十分な睡眠をとって、すっきりと目覚めたい……。気持ちはわからないでもない。けれど、ドキドキして眠れないことが、あなたの日常生活にいったいどれくらいあるだろうか?

たとえそれがプレッシャーからくる緊張感であったとしても、ゴルフのワクワク感で眠れない夜を、おおいに堪能してほしいと私は思う。プレッシャーとワクワク感は裏腹だ。子どものころ、遠足の前の晩なかなか寝つけなかったときと同じように、眠れない夜を過ごすのもゴルフの楽しみのひとつではないか。

ゴルフは、コースに恨みを残して帰ってくるスポーツでもある。大タタキした悔しさを今度は見返してやろうと練習して、期待と不安をもっていざコースへ向かう。だから楽しい。このワクワク感がなくなったら、ゴルフはおもしろ味のないものになってしまうだろう。

一睡もしなくても能力は落ちない

「緊張で眠れない夜を楽しめ」と無責任なことをいっているように聞こえるかもしれないが、個人差はあるものの、**睡眠時間が少なくても人間の能力はほとんど落ちないことが実証されているのでご安心いただきたい。**

実験心理学には「睡眠剥奪実験」というのがある。被験者を眠らせずに、能力がどの程度変化するかを調べるものだ。これによると、ひと晩一睡もしないくらいでは、思考能力や運動能力は落ちないことが証明されている。むしろ徹夜明けの覚醒状態が続いている午前中は、反射能力などが普段より高い力を発揮することもあるくらいだ。

プロが優勝争いをするときのプレッシャーは、アマチュアとは比べものにならないほど大きいが、プレッシャーで一睡もできなかったのにもかかわらず、翌日はバーディラッシュで見事優勝！　という話はよく耳にする。アマチュアのゴルフでの精神的・肉体的な負荷の程度なら、徹夜明けのゴルフでもパフォーマンスは最後まで落ちないはずだ。ラウンド終盤になってガクッと疲れが出るのは、睡眠不足というよりは肉体的なスタミナ不足が原因だろう。

明け方の睡魔、二度寝には要注意

睡眠不足よりはるかに悪いのは、ギリギリまで寝ていて、頭もカラダも十分に目覚めていないうちにスタートすることだ。

前の晩、コースのホテルに泊まったら、安心して寝坊してしまった……。こんなときは、早起きして遠くから当日入りした仲間に負けてしまいやすい。スタート時の覚醒水準にははるかに差があるからだ。

なかなか寝つけなかった影響で、明け方になって急に睡魔に襲われて寝てしまったときも要注意。3時、4時まで眠れなかったら、そのまま寝ないで出発したほうがはるかにましだ。反対に、早く目が覚めてしまったときは、絶対に二度寝をしないように気をつける。二度寝をすると握力が落ちるなど、カラダに力が入りにくくなるというデータがある。

コースへ向かうクルマの中で寝てしまうのも、非常によろしくない。もし寝てしまったら、スタート前に一生懸命ウォーミングアップをして、頭とカラダを目覚めさせる必要があるだろう。

人間の一般的な生態サイクルでは、判断能力や反射神経が高くなるのは午後2時から3時あたりだといわれている。午前中は完全には覚醒しておらず、午後4時を過ぎたあたりから能力は落ち始めるのが普通だ。だから、体操でも陸上でも、テレビ中継の縛りなどがなければ、朝っぱらからメインイベントをやることはない。

ゴルフの朝は、スタートの4時間前には起きたい。ただし、大事な競技会やコンペであれば、当日以前から早起きの習慣をつけておくのが望ましい。

プロテスト受検を控えたあるゴルフクラブの研修生たちに、私はテストの1カ月前から毎朝4時に起きるように忠告したことがある。組み合わせいかんでスタート時間が何時になるかわからないから、8時前後の早い時間になったときでも万全の体調で臨めるようにするためだ。

いきなり4時に起きるのは大変だから、毎日15分くらいずつ起きる時間を早くしていく。そしてプロテストの2週間前からは、かならず4時に起きる。

忠告するのは簡単だが、やるほうは結構きつい。案の定、起床時間を守れた者は、たったひとりしかいなかった。そして彼だけが、難関を突破して晴れてプロの仲間入りをすることができたのだ。

金谷多一郎プロの上達ヒント!

コンペの前夜、あわてて練習場へ……。付け焼刃の練習なのだから、そう簡単にナイスショットが打てるわけはありませんね。自分に過剰な期待をしないことが大切です。

練習の後、家に帰ってベッドに入るときは、練習で出たナイスショットのイメージを思い浮かべてみましょう。絶対にミスを反省してはいけません。頭の中には良いイメージだけをもつことが大切です。前の晩に練習しないときは、過去の自分のベストショットを思い出すといいでしょう。

もうひとつ大切なのは、朝起きてからスタートまでの行動をシミュレーションしておくことです。特に久しぶりのゴルフでは、朝のドタバタだけで神経を使ってしまうもの。余裕をもった行動パターンを想定しておきましょう。

「明日は90を切るぞ」と目標スコアを設定して気合いを入れる人も多いですが、練習不足のときや初めてまわるコースに行くときは、目標スコアを考えないほうがいいです。コースではスコアを気にしすぎるあまり、自分のスイングをすること、コース攻略を考えることがおろそかになりやすいからです。

【好調をキープするためのペース配分】

自分の実力に合わせたパー数を設定し3ホールごとに区切りをつけてプレーする

ペースは一定がベスト。アマチュアは気を抜かないこと

スタートからホールアウトまで、ランチを挟んで約6時間。ゴルフは長丁場のスポーツである。

最初の1打から最後のパットまですべてに集中するのは、いくら鍛え上げられた強靭《きょうじん》な精神力の持ち主でも無理がある。だから、力を抜くところと入れるところのメリハリをつけることが肝要となる。

理想的には、つねに一定のリラックスした精神状態とペースを保ちながら、ショットやパットを打つときだけ集中するのがいい。けれど、こんな芸当はプロでもむずかしい。どこかでかならず綻《ほころ》びが出る。それをリカバリーしながら18ホールを組み立てるのが、ゴルフの本当の姿なのかもしれない。

アマチュアがペースを崩すのは、たいてい気を抜いたときだ。集中力が途切れたり、変に力を抜いたスイングになったりしたときは、だいたいミスをする。そしてミスがミスを呼び、ペースが狂ってしまうのだ。昂《たか》ぶりも沈みもしない精神状態を、根気よく継続することがベストだ。

また、自分の技術にある程度自信があるゴルファーほど、往々にして余計な欲を出したときにペースを崩しやすい。グリーンの真ん中を真っすぐ安全に狙って打てばいいものを、ちょっと風が出てきたから風にぶつけるドローを打とうとか、球筋を低く抑えようとかしたときは、うまく打てない。そして、その1打を境《さかい》に崩れてしまうことがよくある。ちょっとした色気が、ペースを乱す引き金となってしまうのだからゴルフは恐ろしい。

自分のパーに向かってプレーすれば苦しくない

18ホールをうまくペース配分するためには、まず、自分の客観的な実力を基に、スタート前に全体のプランを想定してみることが大切だ。幸い、ゴルフにはハンディキャップがあるので、これがしやすい。

たとえば、ハンデ18（平均スコア90）のゴルファーの場合は、全ホールにひとつずつハンデがあることになる。これをスタート前にスコアカードに書き込む。パー3は「4」、パー4は「5」と書き換え、自分のパー数を設定するわけだ。100を切りたい人なら、トータルが「99」になるように書き換える。全部のホールに1打に加え、ホールハンデ1から9の9つのホールは、さらに1打を加えてプラス2に。100切りのためには、このホールはダボでよい。こうして各ホールの目標スコアを決めてみる。

ゴルフのパーは普通「72」、ハーフは「36」。スコアカードにはそう書いてあるが、これは月イチゴルファーにとっては罪なことだと私は思う。出だしからダボ、ダボ、ダボと来たら、誰だって気が滅入る。でも、これはハンデ0のスクラッチプレーヤーを基準にした話であるから、ハンデ30のゴルファーにとってはパー、パー、パーなのだ。そう考えれば、気分はかなり違う。

自分のパー数を基準にすれば、アンダーパーでまわるという楽しみもできる。普通にやったらプラスがどんどん増えるばかりだから、つまらない。それに比べたら、俄然やる気が出てくる。

3ホール単位でケジメをつける

さて、自分の目標パー数をスコアカードに書き込んだら、次に考えることは、**18ホールを3ホールずつ、6つに区切ってみることだ。これがペース配分の前提となる。**

コースの全体像が把握できていないときほど、この発想が大切だ。特に月イチゴルファーは、毎回が初めてのコースという場合が多いだろうし、どうしても全ホールに一生懸命になってしまう。途中でバテないためにも、3ホールずつ区切りをつけるのがいい。

スタート前、自分のパー数を基準にして、3ホール単位で目標スコアを設定してみよう。すると「前半の最後の3ホールがむずかしい」「後半の中盤は比較的簡単だ」という具合に、コースの全体像がだいたいつかめる。

ラウンド中は、1ホールごとのスコアに一喜一憂するのではなく、「1番から3番までは2オーバーだ」というように、3ホールを単位に考える。

3ホールを消化したら、結果が良くても悪くても「終わったこと」として忘れる。そして、新しい気持ちで次の3ホールに向かう。このように3ホールで区切りをつけ、気分転換をすることで、大タタキをしたときでもショックを引きずらないようにし、バーディを獲っても浮かれて凡ミスをしないようにする。3ホールごとに「よし、がんばろう」という気持ちになると、疲れでジリ貧になりがちな終盤になっても、集中力が保てるという効果も出てくる。

【「攻め」と「守り」の使い分け】

「攻め＝ギャンブル」「守り＝安全なスイング」という発想ではミスを積み重ねるだけ

守るときほどアマチュアはスイングを崩しやすい

コース攻略において、「攻め」と「守り」はよく話題になるテーマだ。

では、何が攻めで、何が守りだろうか？　このあたりの見極めが、アマチュアははっきりできていないように思う。

アマチュアの場合の攻めは、たいていが「ギャンブル」だ。

たとえば、パー5のセカンドショット。ピンまで210ヤード、ボールはフェアウェイでライは問題ない。グリーン右手前に池、左にはバンカーがあるが、3番ウッドの快心のスーパーショットが出ればツーオンできそうだ……。こんな状況でイチかバチかのショットに懸けることを、アマチュアは攻めだと考えている。しかしこれは、攻めではなく、単なるギャンブルショットである。

では、同じ状況で6番アイアンを使って手前にレイアップするのは、はたして守りか？　3番ウッドより6番アイアンのほうが、ボールの落としどころは広いし、ミスショットの確率も低い。だから、レイアップはたしかに安全策であり、守りのショットである。

ところが、「安全策＝守り」という意識が強くはたらきすぎると、スイングも守りになってしまうことがアマチュアにはよくある。レイアップするんだから、確実にいかないと意味がない。そう考えると、自然にボールを置きにいくような加減したスイングになる。動きをセーブするほどスイングはむずかしくなるから、ミスが出やすい。もちろん、これでは結果的に守ったことにはならない。

「守り損ね」は尾を引く

自分では守ったつもりが、かえって大タタキした……。こうした「守り損ね」は、攻めて失敗したときより、はるかに精神的に尾を引くものだ。

たとえば、ドッグレッグ・ホールのティッショト。ドライバーで林の上をショートカット狙いでいくか、安全にアイアンでドッグレッグのコーナーに落とすか、ルートはふたつあるとする。ちなみにキャディは、レイアップしてコーナーに打つのがいいとすすめている。さて、あなたはどうするか？

ドライバーのショートカットは、たしかにリスクがある。けれど、ドライバーの調子がとても良い日だったら、ショートカットを選ぶのも手だ。林を越えられるという判断を自ら下し、いつものようにドライバーを打つ。もし、結果的に当たりが悪くて林が越えられなかったとしても、自分が納得ずくでやったことだからショックはあまり大きくはないはずだ。

一方、キャディにすすめられるまま、安全に刻んだつもりのショットでミスをしたら……。精神的なダメージは相当大きなものがある。守りに入っての失敗、というショックはとても大きい。

こうした守り損ねによる大タタキを防ぐには、「守るときは徹底して守る」という意志の強さを持つことだ。

特に迷ったときは、攻めか守りかで判断するのはよくない。判断材量にすべきは「普段

やったことがあるかどうか」だ。練習した試しがないことが、ぶっつけ本番で成功する確率は低いのが当たり前である。

実際、普段やったことがないショットをやる人ほど、ほぼ例外なく大タタキする。林の中からわずかな隙間を抜こうとするショット、イメージだけはプロ並みのロブショット、できもしないスピンで止めるアプローチ……。その1打のミスで済めばまだいいが、こんなときほどミスがミスを生む悪循環に陥りやすい。

スイングには攻めも守りもない

攻めと守りの考え方でもうひとついうと、たとえば、ピンをデッドに狙うのが攻め、グリーンの真ん中を狙うのが守りというような、コース攻略上の攻めと守りがある。これはショットが成功する確率と照らし合わせて考える必要がある。

プロの場合はどうかというと、ピンを狙うショットは、成功する自信と技術の裏づけがなければ絶対に打たない。つまり、**攻めのショットとは、決してイチかバチかではなく、うまくいく前提がなければ成立しないのだ。**アマチュアのような、まぐれ当たり的なスーパーショットを考えるようなプロはいない。

一方、グリーンセンターを狙うショットは、ピンを狙うショットに比べると難易度は低い。でも、だからといってプロは安全にスイングをするわけではない。ピンを狙うときも、グリーンセンターを狙うときも、スイングはまったく同じ動きとテンポで行なう。それがもっとも確率が高いことを熟知しているからだ。

つまり、スイングには攻めも守りもない。事実、一流のプロほど、状況によらずいつも同じスイングを無機質的にくり返すことができる能力が高いものだ。

ギャンブルと覚悟して打つべし

スコアメイクの鉄則は、もっとも確率が高い手段や方法を選び、積み重ねていくことだ。先刻承知のことだと思うが、この考え方は、特にアマチュアには「堅い＝つまらない」と受け止められがちである。たまのゴルフで堅いことばかりをやっていたら、たしかに息苦しいことも事実だろう。

だから私は、3番ウッドでグリーンを思い切って狙うようなゴルフを否定するつもりは毛頭ない。結果はともあれ、おおいに狙って、おおいにストレスを発散していただきたい。けれど、それは攻めのゴルフではなく、ギャンブルにすぎないことを自覚してほしい。

金谷多一郎プロの上達ヒント！

攻めのゴルフというと、ピンポイントのショットを打ってバーディを獲りにいくというイメージがあるかもしれません。

しかし、これはテクニックの裏づけがあってはじめて成り立つ話。攻めの考え方で大切なのは、各人の技術レベルに応じたなかで、プラス思考でコースを攻略することです。

コース攻略とは、技術の上に成り立つものであることはいうまでもありません。したがって、自分の技術を相談しながら、最高の確率の攻略法を見つけ出すことをつねに考えたいものです。

技術が低い場合は、やはりコースを攻め抜くことはむずかしいですし、攻めが大タタキにつながる確率のほうが高いのは仕方ないでしょう。だから、これは無謀ではないか？　と思うときは、しっかりと確率の高い守りをする勇気をもつことも必要なのです。

考えた結果が手前に刻む作戦だったとしても、それは自分のゴルフにとってはプラス思考です。刻むからといって、決してマイナス思考ではないことを自覚してください。このあたりの意識改革から始めれば、スコアメイクがうまくいくはずです。

【悪い流れを変えるには？】

ミスをすぐに取り戻そうとするほど大タタキのスパイラルにはまる

トリプルボギーの直後にパーを狙うのがアマチュアの悪いクセ

スタートからホールアウトまで絶好調！　という日があったら、こんなに幸せなことはない。特にラウンド数がかぎられている月イチゴルファーにすれば、こんな夢のような日が人生に一度でもあれば、と願う気持ちはわかる。

けれど、絶好調で始まり絶好調で終わるゴルフは、私は経験がないし、きっとあなたにもないだろう。終わってみて「満足」と思えるラウンドでも、18ホールの中には好不調の波があるものだ。

やることなすことうまくいっているときはいいが、流れが悪くなるときがある。そんなときにどうやってゴルフを立て直せばいいか……。この立て直しこそが、実はゴルフなのである。

悪い流れが来たとき、流されっぱなしで大タタキをしてしまうのがアマチュアだ。言い換えれば、アマチュアは流れを断ち切る術を身につけていない。

いちばんの原因は、「ミスをすぐに取り戻そう」とすることにある。

たとえば、ティショットがチョロでボールはわずか20ヤード先のラフ、というとき、直後の1打でティショットのミスを挽回しようと、ボールがラフに沈んでいるのもおかまいなしに、フェアウェイウッドで飛ばしてやろうと振り回す。だから、ただでさえ当たりそうもない状況がさらにむずかしくなる。結果は押して知るべしだ。

トリプルボギーやダブルパーを打ったあともそうだ。立ち直りの悪いゴルファーほど、次のホールでパーやバーディを狙って大タタキを帳消しにしようと考える。すると途端にリキミが入って、またしてもミスショット……。**ミスをすぐに挽回しようと考えたときほど、こうして「大タタキのスパイラル」にはまりやすいのだ。**

1打の重みが軽くなるのは犯罪心理と同じ

ティショットがOB。打ち直しはチョロ。ラフでアイアンをダフって、次にやっと当たったと思ったらバンカーの目玉。もうダブルパー以上は必至……。

こんなとき、あなたはどんな心理状態になるだろうか？　「これ以上叩かないぞ」と一生懸命気を取り直すのか、それとも「こうなったらもう何回打っても同じだ」と投げやりになるのか……。

実は、後者の気持ちになりやすいのが普通の人間である。

大タタキしたときのゴルファーの心理は、犯罪心理学的に説明すると、「もう前科3犯なんだから、5犯も6犯も同じだ」という、犯罪者が抱く自暴自棄的な精神状態と似たところがある。ある一線（数字）を越えた段階で、1打を大事にする気持ちが急激に希薄になってしまうのだ。こうなると、悪い流れを立ち切るどころの話ではなくなる。

悪い流れは「徐々に」立て直す

アマチュアの場合は、トリプルの直後にバーディが来ることもごく稀にあるが、バーディのあとには再びトリプルやダボが来るものだ。バーディは出会い頭。プロが「バーディは垂らしておいた釣竿に、たまたま魚が向こうから引っかかってきてくれるようなものだ」というくらいだから、アマチュアがバーディを狙うなんておこがましい。これを自覚する必要がある。

大タタキの悪い流れに自分がはまっているときは、とにもかくにも焦ってはいけない。プロでさえ、ボギーを打ったあと、いきなりバーディを狙うと失敗し、結局は復活するチャンスを逃してしまうことが多いらしい。だから、ボギーのあとは確実でイージーなパー（タップインできるくらいのＯＫパー）を狙いにいくのが鉄則だという。

これをアマチュアにあてはめれば、**ダブルパーやトリプルの直後はダボで御の字、ボギーなら出来すぎと考えることだ。**ダブルパーを打つほど調子が悪いのだから、焦ったところでバーディやパーが獲れるわけではない。とりあえずダボが獲れれば、ひとまず気持ちは落ち着く。そのステップを経て、次にボギーを狙っていけばいい。

このように、**悪い流れを断ち切るためには「一気に」ではなく、「徐々に」軌道修正をしていくことが大切だ。**

リカバリーショットはプレーラインに戻す

では、具体的にはどうすればいいか？　考え方のポイントになるのが「プレーライン」である。

プレーラインとは、コース攻略の理想的なルートのことだ。もちろん、この理想は「自

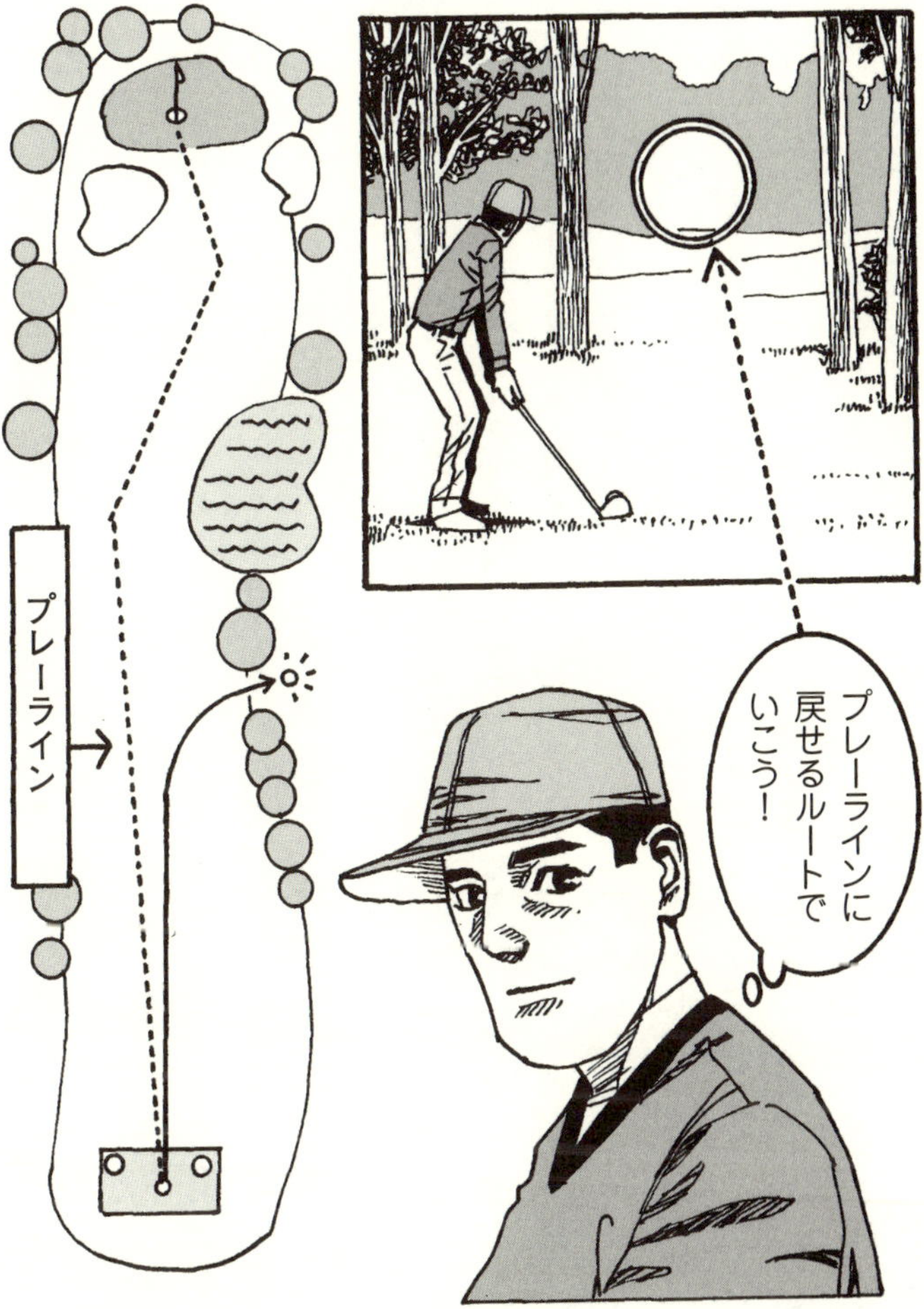

コース攻略の基本となるルートが「プレーライン」。トラブルからの脱出は、まずこのラインに戻すことを考えよう

分にとっての」がつくが、ショットが曲がってしまったときは、次打をこのライン上へ戻すことを考えるといい。

ミスショットの次の1打は、たいていライが悪く、状況もむずかしいことが多いから、ショットの難易度も高い。でも、**ひとまずプレーラインに戻そうと考えれば、なんとかなるものだ。**しかも、将棋のように一手先を呼んで次打を打つ習慣を身につけておくと、気持ちが焦ることもなくなり、ミスの上塗りを防ぐことができる。取り返せるチャンスが来るまで「待つ」ことが大事なのだ。

さて、問題はプレーラインへの戻し方である。一般的に、トラブルのあとは真横に戻すのが確実というセオリーがあるのはたしかだが、実はこれはいちばん確実なようでむずかしいというケースがある。林の中から真横に戻すのはフェアウェイを横に使うということだから、距離の許容範囲が狭いのだ。

もちろんライや状況によるが、林の中からプレーラインに戻すときは、確率が高いのであれば、斜め前のプレーラインを狙ったほうがやさしいことがある。真横に出すと10ヤードの誤差で向こう側のラフや林ということもありえるが、フェアウェイを斜めに使うショットが打てる状況なら10ヤードくらいのブレはフェアウェイの範囲に収まるものだ。

ミスのリカバリーで大事なのは、気持ちを取り戻すこと。それには「冷や冷や打つ」

ショットを、できるだけしなくすことが必要だ。

【スタートが苦手な人、ラストに弱い人の対処法】

苦手な時間帯は多くを望まず「そこそこで十分」だと考える

出だしが悪い人は安全運転で発進

ゴルフでは、出だしの3ホールが苦手という人もいれば、あがりの3ホールでいつも叩くという人もいる。こうしたことが、なぜ起こるのか?

まず、出だしが苦手という場合は、性格が関係している可能性がある。

クレッペリン検査という、単純な足し算で作業能率を調べるテストがある。この分析結果によると、立ち上がりが悪くてだんだん調子が出てくるというタイプ、つまりエンジンがかかるのが遅いタイプは、人間関係でも初対面の人は苦手で、しばらくはうまくコミュニケーションがとれないが、慣れてくれば円滑になる傾向がある。

このタイプの人は、要領を覚え、雰囲気をつかみ、自分の位置を把握するまでに時間かかる。根が慎重で、控え目。きっと緊張しやすい性格なのだろう。

もともとこうした性格の人が、ゴルフのときだけ自分を変えるのはむずかしい。だから、自分がこのタイプに当てはまると思う人は、最初の数ホールは安全運転で行くことだ。色気を出して飛ばそうとしたり、ピンを狙ってはいけない。途中で調子が出てきたら、それからは思い切りプレーすればいい。

終盤の崩れには「考えのルーティン化」で対処

一方、**あがりの3ホールで叩いてしまう人は、明らかに体力の低下がもたらす集中力の欠如が原因だ。**

カラダが疲れてくると、考えることが億劫《おっくう》になって、ボールのラインを見るとか、自分のプレーラインを確認するといった状況判断の力が鈍ってくる。

こんなときは、集中しようと思っても、ワンパターンの思考に陥り、同じミスをくり返すことが多い。バレーボールでも、体力がなくなってくると前に何度もブロックされたのと同じコースに打ってしまって失敗をくり返す例がある。

最後に崩れるのが嫌なら、体力をつけなさい。こういうしかないが、頭のほうでがんばる解決法としては、考えのルーティン化をするといい。

たとえば、セカンドショット打つ前に、かならず次の3つの可能性を考えるクセをつけてみる。

①カップを直接狙う
②トラブルを避けて安全な場所まで運ぶ
③フェアウェイに戻す

普通の状態なら一瞬で判断できる事だが、頭もカラダもへばってくるとこれさえできなくなる。だから、この3つだけはいつでも思い浮かぶように、日ごろからルーティン化し、考えてからプレーする習慣をつけておく。そうすれば、ワンパターンの攻め方に陥らなくても済むようになる。

カラダがへばることはないが詰めが甘い、という人は、環境を変えて精神を鍛えるしかないだろう。思い切って競技会やオープンコンペに出て、自分を試してみるといい。勝負強い人というのは、たいてい修羅場をくぐっている。友だち同士の仲よしゴルフとは違う環境を自分に課して、修行をすることもときには楽しいものだ。

安心のために付け加えておくと、まともな設計家がつくったコースは、あがりの3ホール（16、17、18番）はたいていむずかしくつくってある。有名なのは大洗ゴルフ倶楽部などだが、こうしたコースでは疲れていなくても叩いてしまう。終わったらバッタリ倒れるくらいに、渾身《こんしん》の力を振り絞ってがんばるしかないだろう。

金谷多一郎プロの上達ヒント！

<スタートが苦手な人の対処法>

●調子が出るまで、ティーショットをいちばん得意なクラブで打つ。特にスタートホールでは実行

●朝イチのティーショットは絶対に飛距離を欲張らない。いちばん広い安全なエリアに打つ

●420ヤードのパー4なら、7番アイアンを3回打って乗せるというマネジメントをする

●ミスショットが出た番手を使わないように攻め方を組み立てる

●出だしで叩いても、一気に取り返そうとしてはいけない。まずは自分にとってのパー（100切りを目指す人ならダボ）を楽にとってペースを戻す。積極的にいくのは調子が出てきてから

<ラストに弱い人の対処法>

●残り数ホールになったとき、気になっても最終的なスコアを計算しない。調子が悪いときほど、集中力を欠く原因となる

●疲れているのだから大振りは厳禁。いつもより2番手くらい大きな番手を持つ勇気が必要

●自分がこれから打つショットを声に出して宣言すると集中力が出る。うまく打てたら、自分をほめて活気づける

【同伴者との上手な接し方】

相性の悪い同伴者を無視するのはやぶ蛇。自分のペースに引き込む方法を考える

相手を気使うゴルフもときには楽しい

ゴルフは自己裁定を下しながら行なうスポーツだが、自分ひとりですべてが完結しているわけではない。同伴者が一緒にプレーし、多かれ少なかれ影響し合うからだ。

リズムが合わない同伴者がいると、ついイライラして調子が出ず、スコアも悪いことが多い。反対に、この人とまわるといつもスコアが良い、という相手もいる。人間同士だから相性の良し悪しがある。

お互いの立場や役割がはっきりしていれば、ストレスが溜まることは比較的少ない。たとえば、お得意様との接待ゴルフなら、仕事に徹すればいい。私はほとんど経験がないが、一度だけお偉方の役人さんとまわった（まわらされた）ことがあった。

彼はほとんどビギナーで、毎ショットボール探しである。腕前はいいとして、マナーも

心得ていない。他人のパッティンググラインは平気で踏むし、誰かがアドレスに入っているのに後ろでブンブンと素振りをする。

かなりイライラが溜まっていた私だが、途中で頭を切り替えた。今日のゴルフはこの人に捧げよう。だから、徹底的にボール探しに付き合い、徹底的に親切にすることにした。イライラは収まった。そのかわり、まったくゴルフにならなかった。

このように同伴者の気分を良くしてあげる場合は、自分のゴルフをあきらめる覚悟をするのが有効かつ現実的な解決法だ。そうすれば、何が起こっても受け入れられるし、イライラもしない。

困るのは、同伴者の振る舞いに、こちらのペースが乱されてしまうときだ。アドレスに入っているのにおしゃべりをやめない、歩き回る、バッグからクラブを引き抜いて音を立てる……。**こんなときは、アドレスを一度解き、仕切り直しするのが最善の手だろう。ルーティンワークを最初からやり直して、自分のペースを取り戻すわけだ。イライラしたまま打ってしまうと良いことはないし、間合いを取ることで気持ちの修繕がけっこうできるものだ。**

同伴者のルール違反やペナルティの処置のまちがいに気づいて、気を取られてしまうこともある。ひどいときには、涼しい顔で過少申告をする者もいて、ダボのはずが「ボギー」と聞いただけで、なんだかペースが狂わされてしまう。

同伴者のプレーに対して指摘や注意をするのは、日本人は苦手である。「これをいったら気分を悪くするんじゃないかな……」と思えば、さわらぬ神にたたりなし、と考えても不思議ではない。実際にプロの試合でもあるようだが、まちがいを指摘したほうがそれから崩れることが多い。これでは本末転倒。この点、欧米人は案外平気で相手のまちがいを指摘するし、指摘された側も気分を害したりはしない。日常生活からそうした習慣があるからだろう。

では、相性の悪い人、振る舞いにイライラさせられる人とは、どのように付き合えばいいのか？　これは非常にむずかしい問題である。

役に立ちそうな発想の転換のひとつは、**同伴者も自分のゴルフの一部と割り切り、自分のペースに引き込んでしまうことだ。**

それには、同伴者に気持ち良くプレーしてもらう配慮を少しでもするといい。「なんで嫌なヤツにわざわざ？」と思うかもしれないが、嫌な相手に対して自分が受身の立場になっていると、結局は自分がイライラするだけでデメリットしかないからだ。それに、「あいつは感じの悪いヤツだ」という空気を自分が発しているときは、相手も同じように感じていることが多いから、待っていても状況は変わらない。

それなら、相手も含めてパーティ全体が気持ち良くなるように、自分からはたらきかけたほうがいい。場の空気がうまく回り始めれば、自分にもプラスになって跳ね返ってくるものだ。

たとえば、相手が成功したときは「ナイスショット！」と声をかける。その場でいえなかったときでも、あとから「あのショットは完ぺきだったね」とか「あの池越えのショットはもうちょっとでピンに寄ったのに、おしかったね」などと話しかけてみる。「この人は自分のプレーを見ていてくれるんだ」と注目されていることがわかれば、悪い気になる人はいない。

自分に余裕があるときは、相手の行動を先読みして少し気を使ってやるのもいい。たとえば、バンカーショットを打つときにバンカーレーキを取りやすい位置に移動してあげたり、アプローチショットの前にボールの横に次に使うパターを置いてあげたりしてみる。自分も（おそらく）相手も気分が良くなり、イライラもなくなる。

ショットの順番も、小さなわだかまりの元になりやすい。たとえばグリーンまわりで、明らかに相手のほうが遠くて先に打つべきところを自分が打つまで待たれてしまったり、反対にこちらが遠いのに相手が先に打ってしまい仕切り直しを強いられたりすることがよくある。

こんなときは、「私のほうが遠いですか？」と声をかける。「そうですね」といわれたら「わかりました」と打てばいい。「僕のほうが遠そうです」だったら「どうぞ」と返す。自分が先に打つなら「おさきに」と意思表示をする。こんなふうに順番を明確にすることで、気まずい流れになることを未然に防げる。

プレー中の振る舞いとしては、真っ先にホールアウトしたら、率先してピンフラッグをもつ。うっかり他人のパッティングライン上に立ってしまっときは、「失礼！」とあやまって邪魔にならない場所へ動く。誰かがアドレスに入ったときは、ほかの誰かに話しかけられても無視して「静かに！」というオーラを発する……。こうしたことを自分から行動に移していくと、知らず知らずのうちに、同伴者も同じことをするようになる。良い振る舞いは、不思議と感染するものだ。

こうなれば、こちらのペース。イライラさせられることもなくなるだろう。

悪いリズムが移るように、良いリズムも移る。だから、歩くときはいちばん調子が良い人に近づくのがいい。知らず知らず影響を受け、自分のリズムも良くなってくるものだ。これはプロの試合でもあるらしい。これを考えても、上達のためには自分よりうまいゴルファーと積極的にプレーすべきだ。

トラブルのときは他人への迷惑を気にしない

これと反対に、「自分が迷惑になっているのでは?」と感じて、ペースを乱してしまうこともある。

ショットを曲げて、自分のボールは崖の下へ。手には5番アイアンしか持っていない。本当ならピッチングあたりにクラブをかえてトラブルから確実に脱出したいのだが……。

こんな状況で、そのまま5番で打ってしまう人は意外と多い。クラブをかえることに時間をかけて「まわりに迷惑をかけたくない」という心理がはたらくからだ。案の定、5番での脱出は失敗。さすがに次はやばいと思いピッチングに持ちかえても、余計な時間がかかってしまった焦りから、またまた失敗。このパターンはよくある。

トラブルのとき、クラブをかえない、ピン位置や脱出する場所の状況をしっかり確認しないで打ってしまう、などは同伴者に迷惑をかけたくないという心理だが、これがかえって大タタキを招き、結果的には余計に迷惑をかけてしまう。

こうした悪循環から脱するには、「他人への迷惑は気にしない」勇気をもつことが必要だ。

プレー時間は5分までならエチケット的にまったく問題ない。実際に計ってみると5分は結構長い。その間に落ち着いて処置をすればいい。

じっくり時間をかけると「プレーが遅くなるのでは」と思いがちだが、実際は結果的にはその反対ということが多い。他人の迷惑を気にせず、焦らずに振る舞うことが、結果的にはスロープレー防止につながるのだ。

第5章

練習力をつける思考法

練習仲間をつくればゴルフが楽しく、もっとうまくなる

比較的すぐに実現可能な目標をつくってみる

ゴルフというのは、非常に不思議なスポーツである。

初めてパターを握って、ロングパットを入れてしまうことがある。ボールを打つのは数回目というときに、真っすぐ飛ばせることがある。それが偶然だとわかっていても、いなくても、こんな経験をすると「ゴルフは簡単にできそうだ」という気持ちが芽生えても不思議ではない。

これとは反対に、一生懸命練習してもなかなかうまくならないのもゴルフ。こんなときはヤケクソになる。だからだろうか、練習嫌いのゴルファーは多い。

ビギナーのころからコースへ出てプレーできる海外と違い、決して楽しいとはいえない打ちっ放しの練習場からゴルフを始めるという環境的な問題が、ゴルファーを練習嫌いに

させている面もあるだろう。かつては「練習場でトラック1台分のボールを打ってからコースへ行け！」と平気でいうプロもいたが、これでは練習をする気が失せるのも当然だ。

いずれにしても、練習しないでうまくなれるほど、ゴルフは簡単ではない。「それはわかってるよ。でもなあ……」という練習嫌いな人は、どうすれば練習するようになれるのか……。嫌いなことをやるようになれ、というのだから、これはむずかしい問題である。

練習をするモチベーションを上げる方法としてひとついえるのは、**なんでもいいから目標をつくって、練習に張り合いをもつことだ。**それも「いまより30ヤード飛ばす！」など希望的な目標ではなく、「**ラウンドする前は必ず最低1回は練習する」というような達成可能な目標から始めるのがいい。**高い目標をもつことはもちろん大事だが、なかなか達成できないことだと途中で投げ出したくなるもの。目標を長期、中期、短期で考えて、まずはすぐにできるものから始めるのが長続きさせるコツだ。

他人の力を借りて練習環境をつくる

ひとりで打ちっ放しへ行くのはモチベーションが上がらないという人は、他人の力を借りて練習に変化をつけるといいだろう。

たとえば、オープンコンペやレッスン会に参加してみる。行きつけの飲み屋のコンペでもいい。ゴルフを通して知人ができれば、それ自体が楽しいし、練習をするきっかけにもなる。ゴルフ仲間をつくるプラス要素は、非常に多いのだ。

ゴルフが好きになって本格的にやりたい気持ちがあるなら、会員権を買ってゴルフクラブのメンバーになることをおすすめする。仲間もできるし、練習もするようになって、まちがいなくゴルフが楽しく、うまくなる。

相棒をつくって一緒に練習に行くのもいい。ちょうどいい相手がいなければ、スクールに入るとか、いつも行く練習場のプロに習うとか、練習のスケジュールが半強制的に決まっている状況に身を置けば、上達する機会は確実に増える。

できることなら、ゴルフを習う先生は異性がいいだろう。「あの人にほめてもらおう」と思えば、否が応でも練習に身が入るはずだ。

金谷多一郎プロの上達ヒント！

トーナメントプロの練習を見ていると、強い選手ほどよく練習することがわかります。

青木功さん、ジャンボ尾崎さん、中嶋常幸さんが「AON時代」を築いていたころ、ホールアウト後に暗くなるまで練習場に残っていたのはこの3人でした。最近では、石川遼選手は試合期間中にアプローチとパッティングの練習をものすごくやります。松山英樹選手もしかり。実力がある選手がたくさん練習をするわけですから、差は広まってしまいますね。

もちろん、ほかの選手が練習をしないわけではありません。これは肉体的な問題で、いくら練習しても壊れない強靭なカラダをもっていないと、毎日のハードな練習には耐えられないのです。「強い選手＝強いカラダ」といえそうです。

「1年後の自分のために、いま練習をする」という考え方も、みなさんに知ってほしいです。練習とはまさにそういうものです。

アマチュアはすぐに結果を求めたがる傾向がありますが、いいスコアが出たり、いいショットが打てたとき、「1年前の練習の成果が出たんだ」と思えればやる気が出るのではないでしょうか。つまらないと思う練習でも、継続してやることが大事なのです。

【「マイコーチ」のススメ】

コーチにお金をかけるのがいちばん経済的な上達法

英会話は先生に習うのに、ゴルフはなぜ習わない？

ゴルフ歴は長いのに、なぜなかなか上達しないのか？　こんな悩みを抱えている多くのゴルファー諸氏に私はいいたい。

うまくなりたかったら、コーチに習うことだ。

この意見はだいぶ前からもっていたが、公の場ではいつも口を封じられてきた。そんなことをいったら、ゴルフ雑誌やレッスン書を買う人が少なくなるし、誰もがレッスンを受けられるわけじゃない……。

でも、考えていただきたい。あなたがもし英語会話を覚えたいとしたら、まずは英会話スクールに入ろうとするのではないだろうか？　自己流で英語がペラペラしゃべれるようになれると思う人はいないはずだ。料理だって、ピアノだって同じ。特別な技術や知識が必要なものを、自己流で覚えるのは限界がある。

毎日のようにラウンドや練習ができる時間と財布に余裕がある人なら、自己流でもシングルくらいまではなれるだろう。それでも私の経験からいわせてもらえば、ハンデ5以下になるのは、やはり良いコーチの指導がなければむずかしいと思う。

たまのゴルフで100が切れれば御の字だからコーチに習うまでもない、と考えている人は、もちろんそれで結構だ。それも立派なゴルファー。でも、スライスやダフリ、トップの悩みを、一生抱えることになるかもしれない。

習いたいけど財布が許してくれないという人は、新しいドライバーを買うのをちょっとがまんすればいい。投資に対するリターンは、レッスンのほうがはるかに大きい。練習でいつもコインを3つ使うなら、ひとつ減らしてその分をレッスン代にあてるのもいい。

やってみれば、絶対にわかる。コーチにお金を使うことが、もっとも経済的な上達法だということが。

最初からコーチに習うのが理想

「自分はまだレッスンを受けるほどの腕前じゃない」と腰を引く人もいるが、これはまったくのカン違いだ。

コーチに習うなら、ゴルフをやり始めた最初から習うのがいちばんいい。何事も最初が肝心というが、ゴルフはその最たるものだ。まちがったグリップでスタートしたら、グリップを直すだけで一生かかってしまうことだってある。カラダに染みついた悪い癖を直すのは、コーチにとっても難題だそうだ。

「いまさら遅い！」とお怒りになる読者も多いと思うが、それでも自己流を続けるよりは習ったほうが得策だ。**自己流の練習は、悪いクセを上塗りして、さらにそれに磨きをかけるようなものだ。**

男性に比べると、女性は最初からレッスンを受ける人が多い。そのせいもあると思うが、スイングやマナーがしっかりしているのは女性のほうだ。コースに出る前にそれなりに準備をしてくるから、からっきしダメという人は少ない。「教えてもわらなくたってなんとかなる」と息巻いている男性諸氏、コースでの自分の恥かしい姿を素直に認めてはいかがだろうか。

それと、見栄っぱりの人ほど、コーチに習うべきだ。スイングが絶対にカッコよくなるから、「あの人はきれいなスイングだよね」といわれるようになる。

課題がはっきりするから上達が早い

コーチに教わると、スイングが自己流でなくなるという効果もたしかにあるが、**いちばんのメリットは、何ができていて、何ができていないのかがわかることだ。**

たとえば、スライス球が出たとき、自分で判断できるのはインパクトでフェースが開いたことぐらいだろう。動きのどこが悪かったのかまでわかり、さらにそれを自己修正するのは、相当レベルが高くないとできない。

自分ひとりで解決しようとすると、何が悪いのかわからないまま動きを直そうとするから、うまくできていたものまで変えてしまったりする。スイングの「幹」にあたる部分がわからずに「枝葉」を直して真っすぐ飛ばそうとするから、付け焼刃的な技術に走ってしまうことも多い。これではいつまでたっても光は見えない。

私にも経験がある。スイングには大きな問題はないのに、アドレスが悪くてミスが出るということがあった。自分ではまさか構えが悪いとは思っていないから、一生懸命スイングをいじっていたのだが、あるときプロにアドレスを指摘されて初めて気づいた。そのときはすでにスイングにヘンなクセがついてしまっていたから、それを元に戻すのに相当苦労した。

スイングをつくっていくときは、**最初は外から見たスイングをつくる。**何度もいうが、これは自分ひとりでできるものではない。コーチに見てもらうのがいい。

そして、**外から見て直したスイングを、次は自分の内側からつくっていく。**たとえば、トップのクラブの位置はここが正しいと教えられたら、「左手の親指でシャフトの重みを感じるんだな」とフィードバックし、自分の感覚としてつくっていくわけだ。ここまできて、はじめて上達に結びつく。

ゴルフの目標やプランをコーチに知らせておく

コーチに習う気になっただろうか？

もしそうなら、私もこの本を書いた甲斐《かい》があったというものだ。では、もうひとつのポイント。習い始めるときは、自分がどこまでうまくなりたいかを、コーチに知らせておくことが大切だ。

競技会に出て勝つことを目指しているゴルファーと、月イチゴルフで90くらいでまわれればいいと思っているゴルファーでは、コーチが教えるスイング理論の大元は同じでも、教え方や練習方法が変わってくる。

教える側にしても、「自分はこうなりたい」といわれたほうがレッスンのポイントや、目指すべき目標がはっきりするから、はるかに教えやすいという。いちばんの違いは、**目標やプランがはっきりしているゴルファーのほうが、上達が早く、楽しくゴルフをしている**ことだそうだ。

金谷多一郎プロの上達ヒント!

コーチに教わるときは、なおすポイントをその場でタイムリーに教えてもらうことが大切です。

私の経験でいうと、たとえば昼間の練習をビデオで撮り、それを元に夜のミーティングなどでレッスンをすると、意外と効果がありません。これはプロもアマチュアも同じ。タイムラグがあると、動きを新鮮なものとして自覚できないからだと思われます。

教わる側は、「あとで聞けばいいや」と疑問を溜め込まずに、コーチの目の前でどんどん解決していく姿勢をもってほしいものです。良い点と悪い点をはっきりさせながら練習することが、上達のスピードアップにつながるからです。

【コーチの選び方・教わり方】

コーチ選びは相性や人柄を優先。信頼関係を築くことが上達をサポートする

自分にピッタリなコーチを選ぶ心理テスト

コーチに習えとすすめた手前、どんなコーチを選べばいいかについても、きちんとお伝えしておこう。

コーチに教わると、自分がいままで考えていなかったことを指摘されるケースが多い。これに対する自分自身の反応を知ることは、コーチ選びの参考になる。

では、簡単なテストをしてみよう。日常生活に置きかえて考えていただきたい。

自分の思っていること、信じていることについて、「それは違うよ」と友人にいわれたとする。このときあなたは、次のどの反応をするだろうか。

A 「なぜ違うのか?」と聞き返す

B　「違うと誰がいった？」と確認する
C　「そうなんだ」とひとまず受け入れる

まず、「A」と答えた人は、コーチとの相性が多少悪くても、コーチが無愛想な人間でも、理論や指導力が信頼できればうまくやっていける可能性がある。人柄より指導の内容を重んじるタイプだ。

「B」と答えた人は、相性や人柄を優先すべきだろう。「それは違う」といった人間が、自分が納得できる人物なら意見を受け入れるだろうが、認めていない人の発言なら内容によらず無視するだろう。理論より信頼性を重視するタイプだから、自分が信じられる人柄を選ぶのがいい。

さて、問題は「C」と答えた人だ。このタイプは「とりあえず聞き返すのは失礼」と考える、よくいえばやさしくて奥ゆかしい人、悪くいえば消極的で損をする人だ。

ゴルフのコーチにいわせると、せっかくレッスンを受けても、このタイプは自分自身の感覚に出会うチャンスを逃してしまうことが多いらしい。コーチのいうことは人一倍よく聞き、熱心にメモをとるものの、それだけで終わってしまい、レッスンを自分の実体験に置き換えることをする前に家へ帰ってしまうという。

こういう控え目な人は、積極的に話しかけて自己確認をさせてくれる、面倒見の良いコー

チにつくことだ。付き合っていくうちにコーチに自分の心が通じていることが確認できれば、積極性も出てくるだろう。

信頼関係が強いほど教わる側は伸びる

ゴルフを習うとなると、まず気になるのが「ゴルフ理論」や「指導体系」という人もいるだろう。

プロの世界でも、ひと昔前なら我孫子流や広野流、最近ならゴルフ理論を科学的に勉強したプロコーチと、流派や理論が優秀なゴルファーを育てる温床となっている。

しかし、アマチュアの場合は、理論や技術面を優先して本当に良いコーチを選ぼうと思うと、見つけるのは容易なことではない。

最近はゴルフの科学的検証が広く普及し始めている。だから、とんでもないスイングを押し付けられるようなことは、まずないだろう。ゴルフのレッスンを職業としている人なら、理論や技術面についてはしっかりしているはずだ。

プロゴルファーを目指すとか、日本アマに優勝したいとか、そういう目標がある人は別として、**アマチュアが普通にゴルフを楽しむ範囲であれば、私は基本的には、人柄や相性**

を最優先にコーチを選ぶのがいいと思う。先の心理テストでAタイプになった人はまだしも、BやCの人はこれを守ったほうがいいだろう。

決していい加減なことをいっているわけではない。私も教壇に立つ仕事をやっていたので、教える人間と教わる人間の関係については多少なりとも理解しているつもりだ。教える側の理論レベルが問題になるのは、教わる側の理解度が相当高くなってからである。それ以前なら、両者の信頼関係、人間関係が円滑なほど、教わる側が伸びることはまちがいない。

それに、相性が良いということは、どこかで通じ合う部分があることにほかならない。感性が自然に通じれば、意志の疎通もしやすいから、いろいろな点でメリットが出てくるはずだ。

自分をさらけ出すことが上達のコツ

ところで、ゴルフは個人スポーツだから、ゴルフ好きの人の中には団体行動やチームが苦手という人も少なくないだろう。

たしかにゴルフは、自己完結がしやすい面がある。けれど、自分の世界に閉じこもり、自己判断だけで事を進めるのは、やはり損だ。

たとえば、ひとりで黙々と練習するのが好き、自分のスイングはなるべく他人に見られたくない。こんな自覚症状がある人は、ちょっと気をつけたほうがいいかもしれない。

このタイプは、コーチに習ったことを一生懸命、まじめに覚えようとする。これは非常にいいことだが、アドバイスに固執して自分で結果を出そうとするあまり、オーバードゥになったり、途中からまちがった方向に進んでしまったりすることがある。

先にも述べたとおり、まず外的に動きを直し、その修正ポイントを内的な感覚として確立していくことが上達の方法論である。よって、**自分の感覚を磨く前に、自分を隠さずに人前に出すことが必要となる。これをしないと、まちがった感覚を一生懸命確立させてしまうことにもなりかねない。**

プロの世界を見ていても、強い選手ほど自分を隠そうとしない。悩みがあったらほかのプロをつかまえて、平気でアドバイスを受けたりする。自分をさらけ出すことを、前に進むエネルギーに変えているのだ。

「鉄の鎧《よろい》」を脱いでレッスンを受ける

レッスンを受けるとき、「それは自分の感覚には合わない」とか「自分にはできない」と、最初から決めつけてしまう人は、効果がなかなか表れない。

たとえば、ある人のスイングをコーチが客観的に見て、ダウンスイングへの切り返しでもうちょっと手首をやわらかく使うとよくなると判断したとする。手首が硬くなってしまうのは、肉体的な問題ではなく、切り返しを下半身から行なわずにヘッドを先に下ろし始めてしまうので、手首に余計な力が入ってしまうことが原因だということまでコーチは見抜いている。

当然コーチは、動きの順序を良くすれば、手首がもっとやわらかく使えるようになると説明する。ところがこれに対して、「自分はもともと手首が硬いから動かないんですよ」と、やってみる前から否定してしまう人が意外と多いそうだ。この時点で、コーチの仕事はゴルフを教えることから、心のケアを行なうカウンセラーへと変わる。

自分の感覚や経験値を大切にするのは決して悪くないが、それだけに固執して「鉄の鎧」をいつまでも脱がないのは自分が損をする。せっかくコーチに習うなら、自分はこうだと決めつけるのはマイナス。自己防衛本能が強い人ほど、ゴルフはなかなか上達しないものなのである。

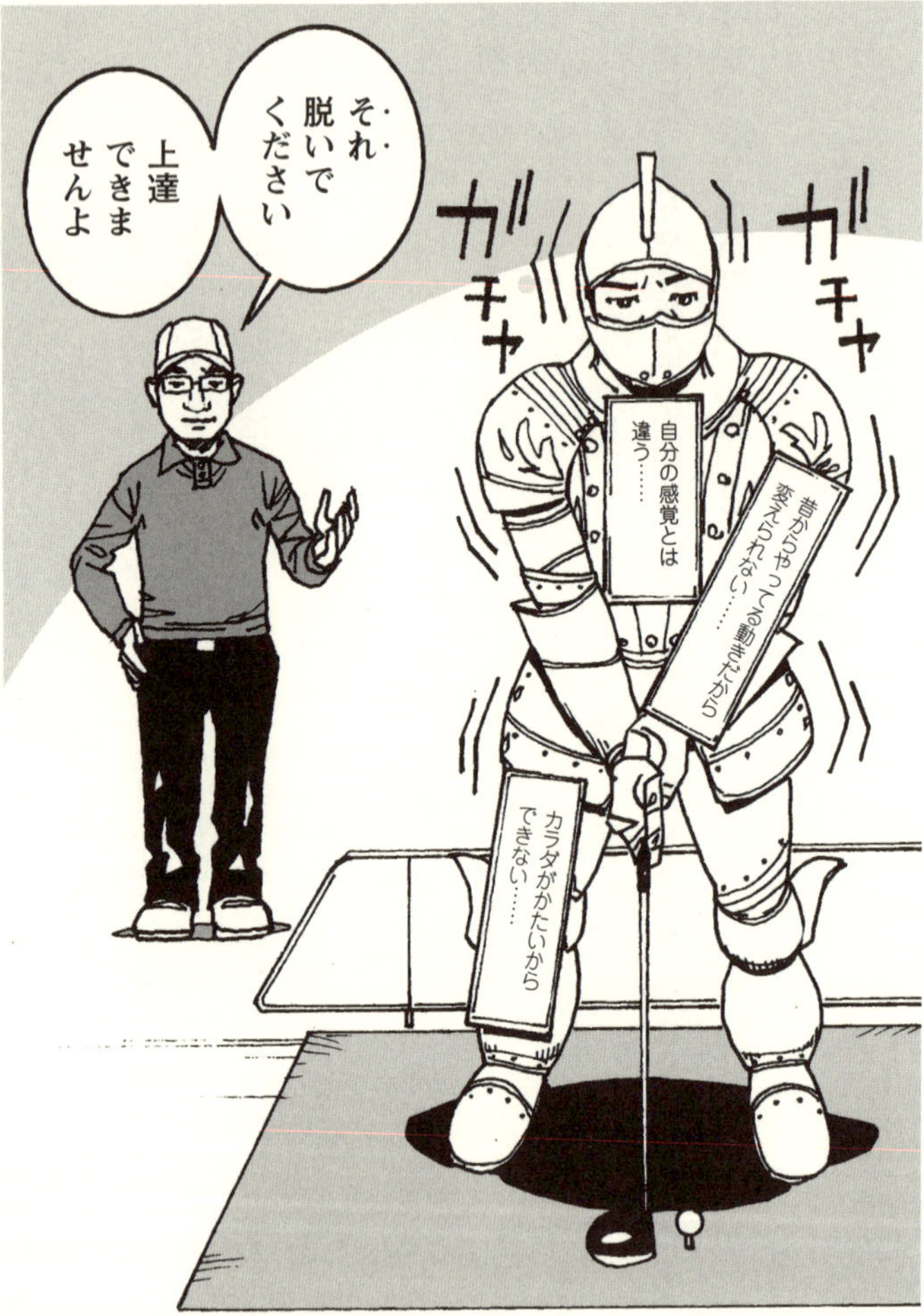

自分の感覚や経験値にこだわりすぎていると、新しい（正しい）動きを拒否してしまいがち。これはとても損な話だ

金谷多一郎プロの上達ヒント！

コーチをする立場からいうと、教える側が陥りやすい過ちのひとつに、理論を押しつけてしまうことがあります。

もちろん、レッスンは原理原則に基づいて行なうものですが、いくら理論がすばらしくても、相手がそれを自分のこととして受け入れなければまったく意味をなしません。理論に対する理解度が低くてもいいので、「これならうまくできる」という自分なりの経験を積み重ねさせることが、教える側の心構えだと思います。

私は教えるというよりも、「ヒント攻め」にするつもりでレッスンを行ないます。ヒントによって相手の感覚を増やし、自分のイメージとして理解してもらうためです。

理論を追い求めてしまうと、できなかったときに「できない＝才能がない」と否定的に考えやすいもの。この点ヒントなら、違うイメージでやってみようと相手も工夫しますし、教える側も別のヒントを与えてやればいいのでら、お互いにストレスが溜まらないのです。

【どんな練習をすればうまくなれる?】

正しいスイングは「疲れる」もの。楽をしていたらうまくなれない

「スイングづくり」と「ショットづくり」を区別する

練習でスイングを固めるには、それにつながる自分の感覚を覚えなければならない。ところが、自己流のゴルファーほど、感覚を覚えず、結果だけを追ってしまう。真っすぐ飛んだか、ボールがネットまで届いたか、スライスかフックか……。

ナイスショットが打てたときは、なぜそれが打てたのか、動きのどこが良かったのかまでを分析しないと、練習の意味は半減してしまう。ゴルフは因果関係が大事なのだ。出会い頭的にたまたまタイミングが合っただけのナイスショットは、いくら打っても自分のものにはならない。

練習をするときは、「スイング」の練習をしているのか、それとも「ショット」の練習をしているかを、きちんと区別することがまず必要だ。

スイングの練習とは、動きづくりをすること。先にも述べたが、これはコーチに見てもらいながらやったほうがいい。

自分ひとりで練習する場合、注意することは、球筋（結果）にとらわれないことだ。たとえば、ダウンスイングで左腰が早く開いてしまうクセを直すなら、結果を気にしないで、それだけに集中して練習すべきである。ボールの行方を追っていたら、そのうち意識は左腰から離れ、手首を返したり、左ひじを引いたりと、真っすぐ打つための動きをしてしまうだろう。

だから、スイングづくりをしたいなら、広々とした練習場より、室内の狭いレンジのほうが合っているかもしれない。球筋が見えないから、動きだけに集中しやすい。

一方、**ショット練習は、自分のショットの精度を確認するための練習である。**番手ごとに、フルショットをしたときの左右、前後のバラつきがどのくらいか。それを把握しておくことで、本番でのコースマネジメントのデータにすることが目的だ。

この練習をやるときは、1球1球本番さながらに行なう。1球ごとに目標を変え、プリ・ショット・ルーティンをきちんと行ない、結果にこだわって打つ。ひとつの番手で何発も続けて打つのではなく、1球ごとに番手をかえる。アプローチなら同じ場所を続けて狙うのではなく、落ちているボールをランダムに狙って打つ。こうした練習を、本番を想定して行なうのだ。

「気持ちの良い」スイングと「正しい」スイングは違う

もうひとつ大切なのは、自分にとって「気持ちが良いスイング」と「正しいスイング」は、たいてい一致しないことだ。

アマチュアにとって気持ちの良いスイングとは、「カラダが楽に動くスイング」であることが多い。カラダに負荷もなく、動ける範囲で気持ち良く動く。だから、ストレスがないかわりに、ボールは飛ばないし、方向性も悪い。カラダがゆるんでいるからだ。

もし、正しいトップの位置をコーチに教えてもらったら、きっとカラダが悲鳴を上げるほど窮屈なポジションだろう。本当にスイングを覚えたかったら、苦しさを受け入れ、違和感を克服していかなければならない。

正しいスイングを覚えようとしたときは違和感があるのが普通だ。いままでやったことのない動きなのだから、ぎこちなく感じて当たり前。この段階で、ほとんどの人は、違和感を拒否して自分が慣れている楽な動きに戻ってしまう。これが上達を阻む原因のひとつだ。

違和感を受け入れる勇気をもち、がまん強くくり返していると、やがてそれが自分のものとして確立してくる。この段階になればすでに違和感はなく、「正しい動き＝心地いい動き」でボールを打つことができるようになる。自己流より正しい動きのほうがはるかに理に適っているのだから、いままでより何倍もの心地よさが味わえる。

私にも経験があるが、**カラダを正しく使えるスイングになってくると「オレはスポーツをやってるな！」という感じがしてくる。**正しいスイングをやるほど、カラダはきつくなる。スポーツとしてのゴルフにイージーなイメージがある人もいるだろうが、とんでもない。歯を食いしばってクラブを振るような感覚になってくるのだ。練習で球数をそれほど打たなくても翌日は筋肉痛になったし、18ホールをラウンドしたあとは体力的にいっぱいいっぱいになった。

この段階にくると、ゴルフは奥が深いとつくづく思うようになる。遊びでやるのも悪くはないが、アスリートのゴルフをやると、また違う世界が広がってくる。その先には、また次の世界がある。もっとも、どんどんむずかしくなるのだが……。

ゴルフはスポーツ。疲れて当たり前。疲れるのが楽しいのだ。

金谷多一郎プロの上達ヒント!

最近のゴルフ・ティーチングの世界は、理論も指導体系も非常に合理的になり、レベルアップしてきました。とはいえ、時間も費用もかぎられている一般アマチュアは、十分なレッスンを受けられないという事情もあるでしょう。そんな人のために、覚えておくと役に立つ練習法をいくつか紹介しましょう。

●練習時間があまりとれないときにやっておくこと

久々の練習では、7番アイアンあたりでカラダを慣らしてから、ドライバーの打ち込み、最後にアプローチというパターンの人が非常に多いようです。しかし、久々の練習だからこそ、このメニューでは上達効果は薄いといっていいのです。

時間がない人ほど、1回の練習でドライバーからサンドウエッジまで、すべての番手を満遍なく打つことが必要です。各番手の球数は少なくてかまいません。当たっても当たらなくてもいいので、フルセットに慣れておくことが本番で効果を発揮します。

実際にラウンドするコースを想定して、1打1打シミュレーションの練習をするのもおすすめです。

●練習しないで飛距離を伸ばすには何をしたらいいか?

ボールを飛ばすには、いわゆるコツを覚える以前に、カラダを全力で使うことを覚えてください。野球のボールを遠くへ投げようとすれば、全身を目いっぱい使いますよね。それと同じ感覚でスイングするのが飛ばしの前提なのです。

ボールを打たないのであれば、がむしゃらに素振りをするだけでも練習になります。また、重い物を瞬間的に移動させるときのカラダの使い方もヒントになります。

●ボールを打たずにショートゲームの微妙な感覚を忘れない方法

アプローチの距離感は、個人の感覚に負うところが大きいです。ただし、それだけに日常生活を工夫すれば感覚のトレーニングになります。

たとえば、散歩をするとき、景色を見ながら歩測をしてみてください。10ヤードの距離を、実際に自分はその感覚で歩けるか、次の曲がり角までの目測の距離と実際の距離が合っているか。こうしたことを日ごろから訓練しておくと、コースでも役に立ちます。

このほか、バスケットボールのシュートやキャッチボールでも距離感を養うことができます。また、ソファーでテレビを見ながらアプローチに使うクラブを握っているだけでも、感覚を磨けるものです。

【上達とイメージの関係】

たとえ世界の一流プロのイメージでも他人のものはあてにならない

「感覚的表現」と「客観的事実」を見極める

パッティングの名手・青木功プロが、打ち方のコツを聞かれて、「上りのパットは『コツン』、下りのパットは『コン』と打つ」といったことがある。

コツを「音」で表現したこのイメージは、青木プロにとっては正しい。アマチュアが青木プロと同じように「コツン」と打って、うまくいく場合もあるだろう。けれど反対に、このイメージがまったくピンとこなかったり、まねてみたら返って距離感が合わなくなる人がいる可能性もある。

なぜなら、青木プロの「コツン」と「コン」は、本人のイメージだから。個人の感覚的な表現なのだ。そこをきちんと認識することは、ゴルフ上達においてとても大切なポイントである。「ロブショットはスパッと切るように打つ」など、特にツアープロがレッスンする場合はこうした表現が多い。プロは感覚の中で各人各様に打ち方のイメージをもっているから、その表現も多種多彩だ。

たとえば、ヘッドスピードを上げるイメージは、「腕をビュンと振る」というプロがいれば、「腕を抑えて右腰をギュッと突き出す」というプロもいる。まったく反対のことのように思えるが、これはどちらも正しい。それぞれのプロにとっては真実なのだ。

でも、両方聞かされたアマチュアは、どちらを信じればいいのか迷ってしまう。これも真実。結論をいえば、あなたにとっては、どちらも正しいかもしれないし、どちらも正しくないかもしれない。

大切なことは、レッスンで使われている言葉や表現が、「感覚的なもの」なのか「客観的な事実」なのかを見極めることだ。松山英樹のレッスンでも、イ・ボミのレッスンでも、個人の感覚に基づいているものという点では普遍性があるものではない。表現に忠実にやってみるのはいいが、それが自分にとってプラスにならないかもしれない、という前提で取り組むべきだろう。

「良い」「ダメ」だけでスエーが直った!

以前、スエーがなかなか直らないという研修生に頼まれて、レッスンをしたことがある。私はゴルフの専門家ではないから、頼むほうもいかがなものかと思ったが、良い機会なので本人には内緒である実験をしてみた。

ボールを打たせてみると、やはりテークバックで右側へカラダが流れる。そこで私は、「がんばってスエーしないように工夫してみろ」とだけいった。

彼は自分なりに工夫しながらボールを打ち、私は1球1球「良い」か「ダメ」かだけをいった。そして、20発ほど打つと、スエーが自然に止まってきた。

この時点で打撃を中断して、「いまどんな感じだったか」を思い出させた。右ひざをがんばったのか、足首をギュッと固めたのか、あるいは左サイドを意識したのか……。うまくいったときとダメなとき、両方全部思い出すようにいった。ここで、何を思い出したかは本人に確認しない。

そして、再びボールを打つ。私がいうことはまた「良い」「ダメ」だけ。このパターンを何回かくり返した。

こちらが何も教えないので、さすがに彼もシビレを切らし、質問してきた。

「右ひざがやっぱり動いている気がするんですけど……」。私は、ひざの関節は前後には大きく曲がるが、左右にはほとんど曲がらないことを教えた。

再び、打撃練習。すると研修生は途中でボールを打つのを突然やめ、私に向かっていった。「わかりました。足首ですね」

「そう思う？　だったらそれでやってごらん」。私はそれが合っているともまちがっているともいわず、練習を終わりにした。

それからしばらくして、研修生がはたらいているゴルフ場のプロに会ったときのこと。プロにいわれた。

「あいつのスエー、どうやって直したんですか？」

「いや、オレは知らないよ。あいつが自分で直したんだから」

もし、私が最初から「足首を動かすな」と教えたら、彼のスエーは直らなかったかもしれない。結局、**自分自身でイメージをつくらないと、スイングは直らないものなのだ。**自分の中でイメージができてきたら、あとはそれを反復して、ジャストミートの感覚を覚えることが大切だ。

ショットやパッティングは、きちんとした手応えがないと、どうしてもうまくなったと意識できない。だから、ジャストミートの感覚を練習で覚える必要がある。

パッティングが非常にうまいある女子プロに聞いた話。
「スイートスポットに当てて打とうとしているうちはダメ。そのうちボールのほうからスイートスポットに吸い付いてくるんですよ」
この世界までいければ、理想的なのだが……。

金谷多一郎プロの
上達ヒント!

プロのイメージは、アマチュアには伝わりにくいものですが、プロのスイングで参考にすべきことはもちろんあります。

特に注目したいのが「リズム」。どの番手も同じリズムで振る点はぜひ見習ってください。特に練習場でのスイングは参考になります。正面や後方だけでなくいろいろな角度からみるのがいいでしょう。反対に参考にしてはいけないのは、強烈なスピンアプローチなど、プロならではのウルトラC的な技です。

ゴルフ雑誌などに載っているプロの連続写真からは、クラブのシャフトのしなり、腕や脚などの筋肉の動きを参考にしてください。ズボンやシャツのしわがどんな形をしているかで、筋肉の動きが想像できます。また、シャフトの角度やフェースの向きもまねるといいでしょう。

気をつけるのは、写真のコマ数と時間の経過が一致していないことです。実際のスイングは、テークバックから切り返しまでの時間がもっと長いので、全体のタイミングのイメージをまちがわないようにしてください。また、ひとコマで表されているフォーム(形)はまねてはいけません。

【「スイングメモ」活用のススメ】

自分で自分のレッスン書をつくれば効果的に上達できる

チェックポイントを忘れない方法

ミスショットのあとに、「あっ、チェックポイントをすっかり忘れていた！」ということがよくある。でも、打った直後に思い出すなら、まだましかもしれない。いつか覚えたはずのポイントが、すっかり頭の中から消えていることもある。

だいぶ古い話になるが、１９５２年のヘルシンキオリンピックの女子円盤投げ競技に吉野トヨ子さんという方が出場した。当時、世界的にもかなり良い記録を出していて、銅メダルは狙える位置にいた選手である。

この大会は結局4位に終わったが、私が高校生のとき、吉野さんのワークショップでコーチを受けたことがある。そのとき彼女が話してくれたオリンピックの裏話を、いまでも覚えている。

当時は国際試合などめったになかった時代だから、オリンピックという大舞台では、きっと雰囲気に飲まれて自分を見失ってしまうだろうと吉野さんは予想していたそうだ。そこで、試合前に競技場でチェックするために、投げ方のポイントをメモに書いてシューズの中に忍ばせておいたという。

試合当日、グラウンドに出ていよいよ競技開始というとき、最後にもう一度チェックポイントを確認しようと吉野さんはメモを探した。ところが、これが見つからない。どこかに置き忘れてきてしまったのだ。

吉野さんはチェックポイントを一生懸命思い出したが、動揺して気持ちに乱れが出たこともあったのか結局メダルに手が届かなかった。試合後、冷静になったときに振り返ってみると、大事なポイントをひとつ忘れていたそうだ。普段は簡単にできることでも、環境や雰囲気が変わるとできなくなることがある。だから、大切なことはメモにして、決して失くさないようにもち歩きなさいと吉野さんはアドバイスしてくれた。

まったく同じことが、アメリカのゴルフ雑誌にも書いてあった。その記事は、**スイングのポイントを目につく場所に書いておけば、本番でもいつものスイングがしやすいと説いていた。**

紙にメモをしてポケットに入れておくと、コースではうっかり見ない可能性が高いから、もっと目立つところ、たとえばヘッドカバーやグローブの邪魔にならない場所に貼り付けておくといいだろう。数はたくさんないほうがいい。3つか4つで十分である。

「オレ流」のスイングノートをつくる

年をとると物忘れが激しくなるのはいたしかたないが、ゴルフでは、初心者のころ注意されたことをすっかり忘れ、ある程度上達してからも同じポイントができていなかった、ということがよくある。

こうした無駄をしないためにも、本番に使うチェック用のメモのほかに、「スイングノート」をつくることをおすすめする。

まず、キャディバッグに入るくらいの小さなノートを用意する。そして、練習でも本番でも、気がついたことをとにかくメモしていく。かつて競技会に出られるレベルまで本気でうまくなろうと決意したとき、私もしばらくスイングノートを活用したが、上達には非常に役に立った。

当時、私はインストラクターにレッスンを受けていたのだが、ノートを読み返すと、同じことを何度も注意されている。注意されたことができないときのパターンはふたつ。ひとつは、注意されたこと自体をすっかり忘れているとき。もうひとつは、自分ではできるようになったつもりが、まったくできていないときだ。

私の場合、「グリップエンドをひざに向けてクラブを下ろす」というチェックポイントが非常に効いた。これをやると、ヘッドが自然にビュンと走る。ある時期はこればかり気にして練習していたが、徐々に考えなくてもできるようになったら、スイングが良くなった。

それから何年も経ってスイングが不調になったとき、ふと昔のノートを取り出して読んだ私は、久方ぶりにこのポイントを思い出した。これだ！　さっそくやってみると、うまく打てる。ノートのおかげである。

ゴルフが上達するプロセスでは、本や雑誌に書いてあることや、インストラクターや上級者に教えられたことを、「自分の言葉」「自分の感覚」に結びつけることが必要だ。これができないと、その場では「あ、これだ！」とわかった気になっても、翌日になるとそれがまったくできなくなるという「付け焼刃のゴルフ」になる。

技術が未熟なうちは意味がわからなくてもいいから、とにかく上達に結びつきそうな言葉をメモしておくといい。そして何カ月か、何年かしてそれを読み返したとき、「ああ、これはこの感覚だ」と確認できれば、スイングのポイントが効果的に身につくだろう。

だからメモは「オレ流」でいい。自分で自分のレッスン書をつくればいいのだ。これが

あるとないとでは、練習の効果も、上達のスピードも格段に違ってくる。

金谷多一郎プロの上達ヒント！

上達のプロセスは「階段」にしておく必要があります。

ある時期に右肩上がりにうまくなることがあっても、やがてそれが止まり、行ったり来たりをくり返すようになるのがゴルフ。レベルは違っても、これはプロもアマチュアも同じです。

下り坂にさしかかるとどんどん下まで転げ落ちてしまうのが怖いですが、もし途中に踊り場のある階段状の坂ならば、途中で踏みとどまることができるはずです。

この踊り場をつくるために大切なのが、自分のスイングをできるだけ客観的に分析することと、自分なりに立ち直りの指針となるポイントをもっていることです。スイングメモは、この踊り場づくりに非常に役立つ、ぜひ取り入れてほしい上達法です。

3月12日
下半身が使えていないと思い、インパクト時に両モモをキュッとくっつけるように打つ練習をしてみた。心なしか、インパクトの勢いが増して、ボールが強くなった。これ続けよう！
3月25日
練習場のプロにワンポイントレッスンを受ける。
トップでクラブを担いでしまうのは、カラダが十分に回っていないからだと言われた。カラダを回すことを意識すると、クラブが振れていないような感じがする。むずかしい……
4月23日
会社のコンペ。47、50の97と低迷。プレー前にこのメモを読み忘れた！　書いてあることが、頭の中にまったくなかった。これじゃ意味がない。
「オレ流」のスイングノート

小さいノートにメモをする習慣をつけると上達に役立つ。
自分だけのレッスン書をつくるつもりでやってみよう

【得意クラブをつくると上達が早い】

カップ近くの番手が得意になればプラスの相乗効果でゴルフがうまくなる

飛ばしは心の浄化装置

アマチュアにとって、ドライバーは麻薬的なクラブである。

前のホールで大タタキをしても、バーディチャンスが3パットのボギーになっても、次のティグラウンドでドライバーの今日イチが打てれば、すぐに機嫌がなおる。ドラコンを獲れば「男になれる」優越感がついてくる。

ゴルフというゲームにおいて、飛距離はたしかにアドバンテージだが、それだけが重要でないことは誰もが先刻承知だろう。それなのに、ホールレイアウトやさまざまな状況を後に回してでも、ゴルファーはドライバーで飛ばすことに躍起となる。

ドライバーの飛ばしにこだわっているようではまだまだ……。上級者がよくする忠告は、たしかにまちがってはいない。けれど、ゴルフをエンジョイするという点で、ドライバーを飛ばすことは、精神衛生上、大事なことだと私は思う。

ゴルフを楽しんでいる時間に、欲望を抑え込む必要はない。だから、おおいに振り回し、うまくいったらおおいに喜んでいただきたい。そして大事なことは、失敗したときにガッカリしないことだ。

得意クラブはゴルフの「芯」になる

ドライバーが得意だというアマチュアは、たいてい飛距離に自信がある飛ばし屋だ。いくらフェアウェイキープ率が高くても、飛ばない人はドライバーが得意だとはあまりいわない。飛ばないけど曲がらないというタイプは、なぜか「堅い」というマイナスイメージのレッテルを貼られてしまう。

もちろん、プロの場合は違う。飛距離は並みでも方向性が抜群によければ、ドライバーが得意だというプロもいる。

得意クラブがあると、ゴルフに「芯」のようなものができる。

普段から練習している振り慣れた番手は、本番では戦略的にもメンタル的にも役に立つ。

絶対に曲げたくないとき、スイングの不調を立て直したいときなど、自信があって頼りになる番手がおおいに助けてくれるだろう。腕が上がってくれば、ピンを狙うショットに得意クラブの距離を残すという芸当だってできる。

日本オープンにも優勝したあるプロは、「ミドルアイアンの名手」といわれ、5番アイアンを得意としていた。飛ばし屋ではなかったためか、セカンドショットを5番で打つことが多く、それを自分のエース的な存在にすることで、一流の仲間入りをはたしたのだ。

ところが、あるときから得意だったはずの5番がうまく打てなくなり、それ以降パッタリ優勝できなくなってしまった。あとになってその理由を尋ねると、5番のシャフトがへタって折れてしまったことが原因だと話してくれた。いろいろなシャフトを付け替えたが、以前のフィーリングがとうとう戻らず、5番を思うように打てなくなったことでゴルフ全体がおかしくなってしまったそうだ。

このように、信頼できるクラブがなくなると相当なダメージを受ける場合もある。それほど、道具は大きな影響を与えるのだ。

パターに苦手意識をもたないことがプラスの相乗効果を生む

アマチュアの場合、どの番手を得意にすればいいのか、わからない人も多いのではないだろうか。

ドライバーとサンドウエッジの中間の6番アイアンでスイングをつくるのがいいとすすめるプロもいるが、これは6番が得意になれば長いクラブも短いクラブもまんべんなく打てるようになるという考え方である。ただし、得意クラブというものはいつの間にかできてしまう場合も多いから、あまり特定しないほうがいいかもしれない。

得意なものをつくるのとは逆の発想で、**プロはパターを不得意にしないよう猛練習する。**

カップに近い番手に得意意識があると、精神的にとても大きな効果がある。特にパットに自信があれば、アプローチショットは「だいたい寄せておけばいい」と気楽に打てる。アプローチが安心ならアイアンショットも「グリーンの近くにいけばいい」と気楽に打てるし、アイアンが気楽ならドライバーも「あのへんでいい」と気楽になる。さらには、精神的な気楽さが筋肉をほぐし、リラックスした状態でショットが打てるから、成功率も高くなる。

このように、カップ近くに得意意識をもつ相乗効果で、全体がプラスに機能していく。だから、プロはパターやウエッジを苦手にしないようにするのだ。事実、名手と呼ばれるプロの中に、パットとアプローチが不得意な選手はいない。

プロのレベルには行かないまでも、パターやウエッジを得意にすれば、少なくとも大崩れのないゴルフができるようになるはずだ。

金谷多一郎プロの上達ヒント！

プロのスイングを見ていると、ドライバーのフルショットは速く、アプローチショットはゆっくり振っているように見えると思います。

ところが、これは大きなカン違い！　動きの精度が高い選手ほど、ドライバーのフルショットから1メートルのパットまで、同じテンポ、同じスピードで振っているのです。トッププロのドライバーとアプローチの画像を比べると、スイングのスタートからフィニッシュまでの所要時間がまったく同じことに驚くはずです。

スイングづくりでは、どの番手も、どんなショットも、同じテンポを心がけることが大切です。そのためには、次の手順を考えてください。

①自分の得意クラブをつくる。いちばん気持ち良く振れ、ジャストミートしやすければ、どの番手でもよい
②得意クラブで自分のスイングテンポを身につける
③そのテンポですべての番手が打てるように練習する

このように、得意クラブがあると、ゴルフの「芯」ができ、コースでも役に立ちます。

【道具との付き合い方】

自分に合う道具は上達の友。思い切って専門家に選んでもらうのがベスト

「安物買いの銭失い」は最悪のパターン

ゴルフと道具のかかわりが非常に深いことはいうまでもないが、私はこんな失敗をしたことがある。

ゴルフを始めた30代のころは、道具にお金をかける経済的余裕などまったくなかった。それに当時、「クラブは何でも一緒」と思っていたから、安売り屋で適当なクラブを見つくろって使い始めたのだ。

ところが、なんだかしっくりこない。もともとそのクラブに思い入れがあったわけではないから、気に入らなくなると、ほかのほうが良さそうだと思い始める。そして、再び安売り屋へ……。

「安物買いの銭失い」の典型である。結局、気に入ったクラブを手に入れることもできず、大変な出費をしてしまった。クラブの買い方としては、いちばん悪いパターンだ。

手痛い経験をしてわかったことだが、スコアは確実に良くなる。これは技術レベルには関係なく、誰にでもいえることだ。だから、ぜひベストマッチのクラブを使ってほしいのだが、問題は、何が自分に合うのか判断がつかないことである。

理想をいえば、**自分のスイングを知っていて、道具に詳しいプロやインストラクターに選んでもらうのがいちばんだろう。**そして、それを「自分のもの」と決めて、カラダがなじむまで打ち込んで使い慣れることが得策だ。安売り屋で買うより最初は高くつくだろうが、結果的には、これがいちばんコストパフォーマンスの高い買い方だと思う。

「自分の一本」なら練習もやる気になる

自分に合ったクラブを使うメリットは、単純に金銭的な問題だけではない。精神的にもプラスの作用がある。

このクラブは最大限信用をおけると思っていれば、練習にも身が入る。もしかしてバランスが悪いんじゃないか、シャフトが合っていないんじゃないかと思っているのとは大違いだ。クラブが合わないことを、練習をさぼる口実にしてしまうかもしれない。

道具というものは、触りたい、使いたい、大事にしたいと思わせてくれる物がいい。妻や子どもが手を出したら「触るな!」と一喝したくなるようなお気に入りなら、自分の分身のような気がしてくるものだ。それ自体が楽しいし、ゴルフがしたいという気持ちにさせてくれるのが、なんといってもうれしい。

私はモノには保守的なほうで流行には疎いのだが、ある著名なクラブ設計家に、最近のクラブはひと昔前に比べると飛距離も方向性も格段に優れていることを物理的に説明してもらって、クラブはたしかに進化しているんだと納得した。

ただし、ニューモデルの中には見た目が変わっただけで、中身は同じという物もあるそうだ。これには気をつけるべき。それと「隣の芝生は青く見える」のとおり、他人と同じ物をほしがる人が多いそうだが、これもどうか。いつも一緒にゴルフをする仲間のひとりが新製品のドライバーを買ったところ、10ヤードも飛ぶようになった。そうしたら、次のゴルフでは全員がそのドライバーをもっていた、というのはてっきりつくり話だと思っていたが、案外そうでもないらしい。

「セッティング」に無頓着だとスイングを崩すことがある

クラブ選びでもうひとつ注意したいのが、「セッティング」だ。プロに聞くところによると、アマチュアのほとんどは、自分に合ったセッティングができていないという。いちばん多いのが、ドライバーとアイアンが合っていないパターンだそうだ。普通、アイアンはセットで買うからその中でのバラつきというのは基本的にはないが、ドライバーとアイアンのタイプが合っていないと、同じ打ち方をしてもドライバーはスライスばかり、アイアンはフックばかりということにもなりかねない。これがクラブのせいだと知らなければ、スイングを一生懸命修正して帳尻を合わせようとするわけだから、スイングを壊す原因になることは明らかだ。特にドライバーは、アイアンのことを無視して、単独で買ってしまうことが多いので気をつけたほうがいい。

もっと細かくいうと、ウエッジやパターも含めて、14本のクラブが一定の流れの中にあるのが望ましいそうだ。よく「クラブがかわってもスイングは同じ」といわれるが、これは14本のクラブの傾向がそろっているという前提があって成り立つ話。特に「重さ」「長さ」「バランス」に気をつけて、14本の中の流れをきれいにつくることを考えたほうがいいらしい。

金谷多一郎プロの上達ヒント！

ドライバー選びで陥りがちなまちがいは、“快心の一発”で選んでしまうことです。しかし、平均的にまあまあ飛ばせることがドライバーの役割。冷静に見極めることが必要です。

最近のドライバーは「軽量化」が進んでいることが特徴。軽いドライバーは非力な人向けというイメージがあるかもしれませんが、軽量化には飛距離アップ、スイングの安定など誰にでも当てはまるプラス要素があります。スイング中にクラブがもつ力が小さくなることで、カラダの動きが正確になり、同時に再現性も高くなるのです。うまく合えば、ミート率が上がって飛距離も出るでしょう。

ただし、単純に軽くて振りやすければいいわけではありません。振りやすいドライバーは「手振り」になりやすいのです。そこで注意したいのが「総重量の軽さ」と「バランスの軽さ」を見極め、自分のスイングに合うタイプを選ぶことです。

シャフトが軽く、ヘッドが重いタイプは、同じヘッドスピードでも飛距離が出ます。クラブとしての完成度が高く、距離不足のアマチュアにはおすすめです。また、ヘッドが軽く、バランスも軽いタイプは、スイングを変えなくてもヘッドスピードが速くなります。

一方、ヘッド形状とシャフトバリエーションが豊富なアイアンは、自分がどのようにゴルフを楽しみたいかを明確にすることが、納得できるアイアン選びの第一歩です。

たとえば、小ぶりでシャープな顔のヘッドは上級者用といわれますが、実際にはむずかしさの段階はさまざまですし、シャフトのチョイスしだいでアベレージゴルファーが十分使いこなせる場合もあります。また、上級者でも高い弾道が打ちたいなら、アベレージ向けの低重心タイプを選んだほうがいい場合も多いのです。

アイアンの役割は、番手ごとに距離を正確に打ち分けること。これにはスイング技術も関係しますが、ぜひ試してほしいのが、全番手のヘッドスピードを測ることです。

全番手のヘッドスピードをグラフにすると、プロは番手が短くなるにつれてヘッドスピードがなめらかな直線で下がっていきます。しかしアマチュアは、線がデコボコし、7番より8番のほうがヘッドスピードが速いことも。プロは全番手を同じ強さで振れますが、アマチュアは番手によってスイングの強さが変わってしまうことが原因です。スイングの問題もありますが、クラブに問題（バラつき）がある場合もあるので気をつけてください。

おわりに

ゴルフには素晴らしいことがたくさんあるのですが、そのひとつに一生涯続けることができるスポーツだということがあります。

そして、ゴルフは熟年ゴルファーになるほど楽しめるようになります。というのも、ゴルフは深く付き合えば付き合うほど、生きていることの価値や人間関係、自然界の素晴らしさ、そしてゴルフ自体の深い魅力に気がつくようになるからです。

本当にゴルフというのは、永遠に挑戦し続けても決して征服のできないゲームなのですが、歳を重ねるごとに視力、筋力、柔軟性が衰えてきても、その歳なりの知恵と新しい道具やボールのおかげで、若い頃と同様がそれ以上のスコアを出せることもあります。これもまたゴルフの素晴らしさだと思います。

良いスコアメイクをするためには、いろいろな芝の種類やコースセッティングをとにかく数多く経験することが一番の方法です。なぜなら、コースでの実戦のための練習をしたくても日本の練習場ではマットからしか打てませんし、普段プレーしているコースコンディションでは、トーナメントセッティングのような状況からのショットやアプローチを経験することもできないからです。

プロトーナメントのテレビ中継の解説で現場に行って思うことは、難関をくぐってツアープロになれたとしても、試合に出られている選手と出られない選手との間には差があることです。たとえショットの技術が同じだとしても、試合に出ている選手はむずかしいコースセッティングでのプレーをほぼ毎週積み重ねているわけですから、状況に対しての適応能力や判断力、その場面に必要なテクニックや自分をコントロールする術などに、圧倒的に優れているのです。

この例はツアープロだけでなく、一般ゴルファーにも当てはまります。練習場で緻密に分析されたデータに基づいて、自分にとっての理想的なスイングを身につけたとしても、「練習場シングルさん」と呼ばれてしまうように、コースで良いスコアメイクができるとは限らないのです。

そうは言っても、プロのようにいつもコースで切磋琢磨《せっさたくま》できない一般ゴルファーにとって、ゴルフの上達は夢のひとつです。その夢をサポートしてくれる高性能なゴルフ用具や便利グッズが、最近はゴルフメーカーのみならず異業種からも登場し、多種多様化しながらとても増えてきています。

クラブに関して言えば、ヘッドとシャフトが取り外せてカスタムな組み合わせができたり、ヘッドに取り付けられたウエイトの位置や重さを微調整できたりと、まるでツアーでプロのクラブ職人がチューニングするように、自分自身でマイスペックに仕上げられる可変式のものが増えました。デザインや色も、圧倒的にバリエーションが多くなってきています。

ボールに関してはクラブ以上に進化しています。いわゆるスピン系とディスタンス系というふたつのグループに分けられるだけでなく、そのなかでそれぞれのブランドの特徴が表れ、さまざまなタイプのボールが登場しています。

構造的に一番注目してほしいことは、コンプレッション（ボールの硬さ）の進化です。今までのボールのコンプレッションといえば80〜100前後が一般的でしたが、インパクトがより鮮明に解明されてくると、一般ゴルファーの平均的なヘッドスピードでは、ショットの時に理想的なところまでボールを圧縮変形させてつぶしきれていないため、反発力がロスしていることがわかってきました。それを解消するために、コンプレッションが低い柔らかいボールが登場してきたのです。

もっとも軟らかいものは、コンプレッションが30前後にもなってきています。インパクトでしっかりとつぶれるうえに、素材や構造の進化によって復元力が圧倒的に高くなってボールが弾くようになっていますから、自分のヘッドスピードやスイングスタイルに合わせたボール選びで、飛距離やスコアが大きく変化する時代になってきました。

また、ゴルフシューズも良いプレーをするためには重要な要素で、長距離を歩いても疲れないだけでなく、急斜面や深いラフなど厳しい条件下でのパフォーマンスの安定性が要求されます。ですから、最近は歩きやすさよりも、スイングしやすい機能を優先して盛り込んだシューズが増えてきているのが傾向です。また、履き心地の調整も靴ヒモではなくワイヤーを使って簡単に、そして繊細にできるものがポピュラーになりつつあります。

さらには、機能が進化したクラブに替えたり、ボールを選んだり、シューズを履きかえたことで、どれだけパフォーマンスへの効果があったのかを実証するような測定器も進歩しています。

今までは測定器が高価だったため、主にゴルフメーカーでスイングやボールの弾道を解析して開発や試作品の評価に役立てることしかできなかったのですが、最近の測定器はより進化して小型化したり、コストが安くなったりしたおかげで、メーカーの試打会や練習場、スクリーンゴルフにも数多く普及してきました。また、一般ゴルファーでも簡単に携帯できるシンプルな測定器が安価に販売されるようになり、そのほかにもグリーンの傾斜を測るものやパッティングのストロークを測定するもの、スイングをデータ化して矯正するものなど、いろいろなアイデアにあふれた練習器が新しく開発されてきています。

しかし、どんなにフィットしたクラブやボール、身につける道具やウエアを手に入れて、科学的に解析された自分にとっての理想的なスイングが理解でき、それがたとえできたとしても、それをゴルフプレーに生かしてタイムリーに力を発揮しなければならないのは「生身」の人間です。

特にゴルフはほかのスポーツ種目とは違って、道具の性能や練習で培ってきた技術を機械的にリプレーしたとしても、思いどおりに事が進まないスポーツです。唯一と言ってよいほどに、自然と一期一会を感じながら、その対応力が問われるのです。

2016年のリオ五輪で112年ぶりにゴルフ競技が復活しましたが。その男女のメダリストたちのキャリアを見てもわかるように、ゴルフがピークレベルに熟成するまでには、技術や体力だけでなく、多くの経験を要するということがわかったと思います。若さと体力に任せて短期間に血の滲《にじ》むようなトレーニングと練習を積み重ね、たとえサイボーグのようになったとしても、簡単に達成されるものではありません。これを達成するためには、そこに生まれる人間ならではの気持ちの動きや集中を心理学的に理にかなった形で思考し、自分をコントロールできるようにならなければならないということなのです。

ですから、みなさん自身がそれぞれのゴルフの目的に少しでも近づくには、多くの要素を知識として理解し、それを臨機応変に使い分け、いざという場面でしっかり発揮できるための正しい努力の方法に気づいていただかなければなりません。

この本で市村操一先生とご一緒させていただきながら取材を進めていくことで、メンタル的な考え方だけで技術の弱点が克服できたり、技術的な改革で精神的なバランスを取り戻せたり、「心」「技」「体」が正しく融合することの重要性をあらためて感じることができました。

みなさんのゴルフの目的のひとつに必ず含まれる上手なスコアメイクは、「体力」「技術」「メンタル&イメージ」「道具」「コースマネジメント」というような多彩な要素がバランスよく融合することで初めて達成されるのです。
ゴルフと接することができる限られた時間のなかで、ゴルフライフをもっと楽しもうとしているさまざまなゴルファーが、この本を読むことで頭の中がすっきりと整理されて、人間の能力や自然の摂理に沿った効率の良い練習法や実戦方法に気がつき、ゴルフがもっとやさしく、ずっと楽しくなり、新たな感動を味わうことができたとしたら、このうえなくプロ冥利に尽きるところです。

金谷多一郎

【参考文献】

『読むだけで 10 打縮まるゴルフ思考術』市村操一（日本経済新聞社）

『上級ゴルフ心理学』市村操一（青春出版社）

『痛快!ゴルフ学』鈴木康之、藤岡三樹臣、杉山通敬（集英社インターナショナル）

『書斎のゴルフ』（日本経済新聞出版社）

『ゴルフトゥデイ』（三栄書房）

『週刊ゴルフダイジェスト』（ゴルフダイジェスト社）

『メンタル・タフネス読本』（朝日新聞社出版局）

『ゴルフガイド』（一季出版）

『フラッグ』（廣済堂）

著　者　**市村操一**（いちむらそういち）

東京教育大学大学院修了後、米国イリノイ大学大学院でスポーツ心理学を修める。教育心理学専攻、教育学博士（心理学）。元日本オリンピック委員会スポーツカウンセラー。筑波大学、東京成徳大学名誉教授。おもな専攻は心理統計学、スポーツ心理学、比較スポーツ学。『なぜナイスショットは練習場でしか出ないのか』（幻冬舎新書）、『ゴルフを知らない日本人』（PHP 新書）など著書多数。1939 年生まれ。

金谷多一郎（かなたにたいちろう）

プロゴルファー。8 歳のころからゴルフに親しみ、世界ジュニア代表に。日本大学ゴルフ部では主将を務め、日本学生（2 回）など多数のタイトルを獲得。1984 年プロ入り、優勝 1 回。理論的でわかりやすいレッスン解説やギア分析が支持され、メディア、トーナメント解説、講演会など幅広く活躍中。著書に『頭のいいゴルファーの習慣』（実業之日本社）、『読めば上手くなる！ゴルフ力アップの知恵袋』（日経プレミアム）など。1960 年生まれ。

※本書は『思考のゴルフ』（市村操一・金谷多一郎共著・永岡書店刊）を加筆、修正のうえ新書化したものです。

JIPPI Compact

じっぴコンパクト新書　316

メンタルで10打よくなる「ゴルフ超思考法《ちょうしこうほう》」
頭《あたま》の中《なか》を最適化《さいてきか》すればスコアは突然《とつぜん》縮まる！

2017年3月6日　初版第1刷発行

著　者……………市村操一、金谷多一郎
発行者……………岩野裕一
発行所……………株式会社実業之日本社
〒153-0044 東京都目黒区大橋1-5-1 クロスエアタワー8階
電話（編集）03-6809-0452
　　（販売）03-6809-0495
http://www.j-n.co.jp/
印刷・製本…………大日本印刷株式会社

ISBN978-4-408-45631-7（第一趣味）